SALDO POSITIVO

CARO LEITOR,

Queremos saber sua opinião sobre nossos livros.

Após a leitura, curta-nos no facebook/editoragentebr,

siga-nos no Twitter @EditoraGente e visite-nos no site

www.editoragente.com.br.

Cadastre-se e contribua com sugestões, críticas ou elogios.

Boa leitura!

JOSÉ MÁRIO SEVERINO

SALDO POSITIVO

COMO FICAR SEMPRE NO AZUL, FAZER O DINHEIRO TRABALHAR POR VOCÊ E SE TORNAR RICO

Gente editora

Diretora
Rosely Boschini
Gerente Editorial
Rosângela Barbosa
Assistente Editorial
Natália Mori Marques
Colaborador
Zanone Junior
Controle de Produção
Karina Groschitz
Preparação
Entrelinhas Editorial
Projeto Gráfico, Diagramação e Capa
Vanessa Lima
Revisão
Vero Verbo Serviços Editoriais
Impressão
Rettec Gráfica

Rua Pedro Soares de Almeida, 114,
São Paulo, SP – CEP 05029-030
Telefone: (11) 3670-2500
Site: http://www.editoragente.com.br
E-mail: gente@editoragente.com.br

Dados Internacionais de Catálogo na Publicação (CIP)
Angélica Ilacqua CRB-8/7057

Silva, José Mário Severino da
Saldo positivo : como ficar sempre no azul, fazer o dinheiro trabalhar por você e se tornar rico / José Mário Severino da Silva. – São Paulo : Editora Gente, 2017.
160 p.

ISBN 978-85-452-0151-9

1. Finanças pessoais 2. Finanças – Planejamento 3. Riqueza 4. Sucesso I. Título

17-0358 CDD 658.15

Índices para catálogo sistemático:
1. Administração financeira 658.15

Se o dinheiro consegue
proporcionar liberdade,
as pessoas livres
devem ser mais felizes.

Aos meus pais,
Arlinda e José.

SUMÁRIO

APRESENTAÇÃO

Saldo positivo nasceu da convivência que tive e tenho com as pessoas ao longo da minha vida profissional. Uma boa parte delas sempre estava com as finanças no vermelho, independentemente do esforço que faziam para sair dessa situação. Por mais que se esforçassem, não conseguiam equilibrar as contas no fim do mês. E o que devia ser motivo de alegria, ao receber o salário, transformava-se em frustração e, muitas vezes, em desespero. E, quando se vive em constante dificuldade por falta de dinheiro, sabemos que o estresse gerado pela situação pode desencadear problemas emocionais e até físicos.

Para agravar ainda mais esse cenário, o quadro econômico que vivemos é bastante desolador. Os momentos conturbados trazem somente insegurança à sociedade. O empresário não investe e a força de trabalho é massacrada, e com isso vão-se as esperanças. É muito devastador saber que mais de 11 milhões de pessoas estão desempregadas. E pior é ver que boa parte desse grande exército é formada por pais de família. É justamente nesses momentos que esses indivíduos precisam de informação financeira para enfrentar as dificuldades.

Em minhas frequentes conversas, é fácil perceber que a maioria dos casos ocorre por absoluta falta de controle financeiro. Então, senti que podia e precisava ajudar essas pessoas de alguma maneira. Comecei ministrando treinamentos e palestras sobre educação financeira, mostrando que elas precisavam mudar a maneira de agir quando o assunto fosse dinheiro e que essa mudança teria por base a educação financeira.

Muitos foram os treinamentos, e a cada dia mais pessoas se interessavam em participar porque viviam os mesmos problemas e, também, precisavam de ajuda. O resultado sempre foi gratificante, mas em especial quando me procuram para dizer como a vida financeira melhorou em razão das mudanças de atitudes que conseguiram adotar. De todos, um caso, em particular, tocou-me muito. Foi o de uma moça que havia participado de um treinamento que ministrei. Ela me abordou perguntando se podia me dar um abraço. Vi aquilo com naturalidade, e, quando me abraçou, ela chorou. Era um choro de felicidade. Disse-me que depois do treinamento reorganizou as finanças e conseguiu realizar um sonho: tinha comprado seu primeiro carro.

Ao constatar fatos como esse e as dificuldades de muitos em lidar com o dinheiro, acredito que, ao escrever este livro, posso ajudar um número bem maior de pessoas. E, dessa forma, mostrar que todos, indistintamente, podem conquistar bem mais do que imaginam. Para isso, no entanto, é necessário que queiram. Querer é o ponto fundamental para o sucesso. É a base para as grandes conquistas.

O livro está dividido em cinco capítulos e inicia descrevendo o pior cenário: estar com as finanças em grau de dificuldade tão elevado, que a pessoa parece viver em uma UTI financeira. Aborda, também, planejamento pessoal e mudanças de atitudes, ação e conquistas, primeiros investimentos, estabilidade, e segue até alcançar a tão sonhada realização financeira.

Espero que o conteúdo deste trabalho o motive e auxilie no processo de organizar suas finanças, e o leve a conseguir sua independência financeira.

JOSÉ MÁRIO SEVERINO

INTRODUÇÃO

Todas as pessoas, ou quase a sua totalidade, gostariam de ganhar dinheiro, formar patrimônio e ficar ricas ou, ao menos, conquistar a sonhada independência financeira que garanta sua segurança material e a de sua família.

Antes de tudo, é preciso que você reavalie suas crenças em relação ao dinheiro. Para muitos, ele pode não representar uma conquista das mais importantes da vida. Já, para outros, é uma condição primordial. Se você pensa como a maioria, que pretende lutar para conquistar sua independência financeira, ótimo; este livro vai ajudá-lo em sua caminhada. O que relato aqui é fruto de minha experiência profissional de mais de 30 anos de carreira executiva.

Não ousaria afirmar que o dinheiro proporciona ou traz felicidade, mas tenho convicção de que, quando conquistado e usado com lisura e sabedoria, sofremos com um pouco mais de conforto. Ter dinheiro e construir patrimônio não é errado nem faz mal às pessoas, apenas não o utilize inadequadamente. Saiba usá-lo de forma honesta e equilibrada.

Uma das maneiras de ficar rico é já nascer filho de pais ricos. Esse não foi o meu caso, como também não é o da maioria das pessoas. Contudo, ninguém nasce condenado a ser pobre e ter uma vida de sacrifícios. Basta que a pessoa tenha atitudes proativas e deseje muito para mudar sua história, realizando feitos e conquistas. As oportunidades estão aí e não discriminam ninguém. Todos podem, basta querer.

Sabemos que não existe uma regra específica para conquistar riqueza. Nem mesmo um conjunto delas é garantia de sucesso. No entanto, se juntarmos algumas delas, associadas a um conjunto de ações estratégicas, e as praticarmos corretamente, aumentaremos nossos índices de assertividade. E, nos negócios, quando acertamos mais do que erramos, temos mais possibilidades de ser bem-sucedidos.

O tempo deve ser um grande aliado, por isso comece sua caminhada o mais cedo possível, porque ela será longa e trabalhosa. Não se ganha dinheiro fácil condignamente, isso depende em especial de seu trabalho e sua dedicação. Desse modo, é importante começar quanto antes.

Pense em sua velhice. É a fase da vida em que a força física é pouca e frágil, e a motivação para empreender um novo negócio já estará bastante reduzida. Começando ainda jovem, quando estiver idoso, já terá realizado suas conquistas financeiras. E sua preocupação será usufruir o que construiu, junto com sua família, e preservar tudo aquilo que tiver conquistado.

Muito já se escreveu e falou sobre esse assunto, mas lembre-se: *muitas pessoas conseguem ganhar dinheiro, mas nem todos sabem aplicá-lo corretamente. E essa é uma das habilidades que distingue os ricos daqueles que têm pouco dinheiro.*

José Mário

CAPÍTULO 1

PLANO DE VOO

1 | PLANEJAMENTO

Saber onde se está e o caminho a ser percorrido ajuda a alcançar resultados mais rápidos

Quando se trata de ganhar dinheiro e acumular riqueza, nada acontece por acaso. As pessoas querem ter sucesso e conquistar independência financeira. Porque desejam muito isso, algumas colocam essa conquista como uma das principais metas de vida – se não a principal –; outras não querem tanto assim. Ser independente financeiramente traz tranquilidade para quem alcança e para sua família. Essa é uma realidade que pode acontecer tanto para aqueles que empreendem o próprio negócio como para quem trabalha como empregado (falaremos mais sobre esse assunto no item 3).

A possibilidade de enriquecer existe e pode estar ao alcance de mais pessoas do que se pode imaginar. O que difere as pessoas que conseguem das demais é sua capacidade de perceber oportunidades e de buscá-las de maneira incansável. Afinal, ninguém nasceu condenado a passar a vida toda em dificuldades por ter pouco dinheiro.

Se você faz parte do grupo que busca ganhar dinheiro e formar patrimônio, é indispensável que faça um planejamento financeiro de longo prazo, rico em detalhes e que o guiará durante toda a jornada. Pense que está elaborando um plano de voo e, como tal, as falhas que eventualmente possam surgir devem ser de fácil correção e risco controlável. Dessa forma, não haverá o comprometimento do que foi pensado e estabelecido inicialmente.

Ajustes devem ser feitos uma vez por ano ou a qualquer momento, dependendo da necessidade, sempre que perceber que o planejado não está evoluindo conforme o previsto. Quando não há progresso frequente, existe o risco de perder a motivação ou vê-la diminuída, o que é muito ruim no processo de enriquecimento. A motivação é condição primordial e tem interferência direta nos resultados dos negócios e, de maneira especial, no seu desempenho nesse projeto.

Quando estamos motivados, superamos as barreiras com maior facilidade e os problemas ficam menores diante das atitudes positivas que adotamos. Agora, se nos deparamos com os obstáculos e não estamos preparados emocionalmente para enfrentá-los, eles se tornam mais difíceis de ser vencidos. Então, pense e aja sempre de maneira positiva. Assim, os gargalos que surgirem durante a caminhada ficarão menores e mais fáceis de solucionar.

Por isso, o planejamento é uma ferramenta fundamental para os negócios e para outros aspectos de nossa vida. É ele que define, previamente, o caminho a ser percorrido.

2 | ESTRATÉGIA

Pense e aja de forma positiva e inteligente para atingir seus objetivos

Estratégia é uma palavra que vem do grego e que, no período helênico, era muito usada no campo militar para definir táticas de guerra. Seu conceito foi ampliado e hoje ela é largamente usada nos meios corporativos. Trata-se de uma maneira de pensar o futuro de forma integrada aos processos decisórios, na busca por bons resultados. Estratégia, aliada a ação, é o que se deve adotar quando se decide pela formação de patrimônio e pelo acúmulo de riqueza. Por não ser uma conquista corriqueira, precisa ser bem planejada e trabalhada, caso contrário, a pessoa poderá batalhar a vida toda sem conseguir o que almeja. E não é isso o que queremos.

As pessoas desejam ganhar dinheiro para ser independentes e melhorar a qualidade de vida, no que se refere a confortos materiais. Se você realmente está decidido a isso, e eu acredito que sim, deve se incluir entre aqueles com esse mesmo objetivo. Comece quanto antes, de maneira obstinada e com muita convicção de que vai conseguir. Lembre-se: muitas pessoas já obtiveram essa conquista porque foram competentes e dedicadas, da mesma forma que você está disposto a ser, na busca pelo seu objetivo maior, o Santo Graal da independência financeira.

Acreditar que pode conseguir é fundamental para o êxito. Além disso, são itens importantes renovar essa confiança a cada dia e jamais pensar em desistir, mesmo nos momentos mais difíceis, quando as forças e as habilidades parecem enfraquecidas porque estão sendo exigidas e colocadas à prova.

O que diferencia aqueles que conseguirão ter sucesso são suas atitudes na busca contínua por resultados, sua perseverança, seu foco e, principalmente, sua capacidade para identificar as oportunidades que surgem ao longo da vida. Essas oportunidades estão aí, mas poucos conseguem percebê-las e transformá-las em negócios prósperos e rentáveis.

As pessoas que conheço que já alcançaram o sucesso financeiro adotaram um estilo próprio de trabalho. Todas, porém, têm algo em comum: estabeleceram um modelo de planejamento e estratégia cuja meta é conquistar aquilo que imaginaram, independentemente das dificuldades enfrentadas.

Essas pessoas são obstinadas com o que se propuseram a fazer e não desistem nunca. Elas conseguem identificar boas oportunidades e tiram proveito delas. Nos momentos difíceis, quando a maioria estaria impelida a desistir, elas sempre seguem adiante.

Você também viverá esses momentos, mas, por favor, não pare! Siga em frente, e seu esforço e sua dedicação serão recompensados. Tenha em mente que, para vencer qualquer batalha, são necessários esforço e dedicação. Nenhuma grande conquista vem com facilidade, caso contrário não seria grande!

3 | QUANTO PRETENDE TER

Acumule o máximo que puder
para ter tranquilidade na velhice

Quando se pretende ganhar dinheiro, não se deve estabelecer um limite; a intenção, é claro, é a de que seja o máximo possível. De início, sugiro que faça uma relação de tudo aquilo que pretende adquirir e defina prazos para cada uma dessas conquistas. Acredite, formar um patrimônio e estabilizar-se financeiramente não dependem diretamente da atividade profissional exercida. Você pode enriquecer por meio do próprio negócio ou como empregado. O que definirá seu sucesso é a forma eficiente e correta de aplicar os recursos advindos desse trabalho.

Na prática, as estatísticas favorecem muito aquele que empreende o próprio negócio, e os motivos são óbvios: a atividade pode se expandir e os ganhos não são limitados como ocorre quando se é assalariado. No caso de ganhar salário, você deve estar atento para que as despesas não consumam todo o rendimento a ponto de comprometer sua capacidade de economizar. Para formar patrimônio é preciso investir.

Para obter conquista financeira, é preciso também de uma boa dose de ambição. Quando falo em ambição, não me refiro àquela de conotação negativa, geralmente associada à ganância. Estou falando de ambição como crença; vontade de conseguir, conquistar, ter; inspiração e motivação. Todos esses fatores, juntos, vão impulsionar sua vida e seus negócios, fazendo com que você alcance os melhores resultados. Eles deverão funcionar como uma espécie de combustível para o corpo e para a mente. Como já disse, ninguém está condenado a ser pobre a vida toda, e conquistar uma situação financeira melhor só depende de você. Adote uma postura construtiva em sua vida.

Com os investimentos consolidados, eles passarão a gerar renda, que, por sua vez, passará a ser revertida em qualidade de vida para você e sua família. A partir daí estará em condições de ter a casa própria, um bom plano de saúde, carro novo, vestir-se bem, manter os filhos em boas escolas, viajar, frequentar bons restaurantes, assistir a bons espetáculos, ou seja, poderá ter acesso a tudo aquilo que o dinheiro pode proporcionar.

O montante a ser acumulado será proporcional ao tempo empreendido no projeto, às oportunidades aproveitadas e à capacidade de investir. Em todo processo de enriquecimento é necessário que a pessoa desenvolva habilidades para lidar com dinheiro. Caso contrário, corre o risco de perder facilmente o que conseguiu. O dinheiro deve ser bem tratado e, como reza um sábio ditado popular, não aceita desaforos. Não dê chance para o dinheiro se afastar de você, pois ele pode não mais voltar.

Estabeleça quanto tempo pretende trabalhar até sua aposentadoria: vinte, trinta anos, ou mais? O prazo deve ser definido por você e, a partir daí, comece a trabalhar de forma incansável até atingir sua meta. Mensure e registre todas as suas conquistas e suas perdas. Use a experiência adquirida nas situações de perdas e ganhos para melhorar seu desempenho, fazendo ajustes de rota e melhorando os resultados.

O tempo é precioso e irrecuperável, assim, use-o com sabedoria e como aliado durante toda a jornada. Evite deixar escapar as boas oportunidades, pois elas podem ser únicas em sua vida.

JOSÉ MÁRIO SEVERINO

4 | DISCIPLINA E AÇÃO

Grandes ideias só serão transformadas em resultados com ação

Quando alguém decide perseguir e realizar um sonho, disciplina é fundamental, assim como perseverança e diligência. Grande parte das ideias que talvez resultassem em ótimos negócios se perde porque seus autores não conseguem colocá-las em prática, por falta de recursos materiais, por falta de ação, ou, o que é pior, por uma associação dos dois fatores.

Conquistar a tranquilidade financeira é fruto de um conjunto de ações e atitudes. Por isso é importante manter o foco em tudo o que fizer e jamais desistir do objetivo proposto. Caso você fracasse na primeira tentativa, tente a segunda, a terceira... quantas vezes forem necessárias, até finalmente acertar. Aprendemos muito com nossos erros, e todos, indistintamente, erram.

Não veja nem trate os erros como incompetência, use-os como experiência para melhorar seu índice de acertos. Errar faz parte do processo de crescimento, e, com o tempo e a experiência adquirida, passamos a acertar mais do que erramos.

Ao analisar a rotina das pessoas que já alcançaram o sucesso financeiro por meio do trabalho, veremos que muitas delas trabalharam ou ainda trabalham bem mais do que a média da população ativa. Essas pessoas costumam ser obstinadas e não desistem nunca de seus sonhos. Enfrentam os mais diversos desafios diariamente e os encaram de maneira natural, porque sabem que contratempos fazem parte do processo e não há como fugir deles.

Não perca seu tempo com lamentações quando algo não sair como o esperado. Essa atitude não resolverá a situação, ao contrário, pode atrair problemas mais graves para os negócios e para sua vida. Desestabilizada emocionalmente, a pessoa pode tomar decisões que resultarão em prejuízos, e das quais se arrependerá depois. Pense, sempre, positivamente.

Quando perdemos dinheiro em algum negócio, e todos um dia perdem, o melhor é encarar a situação. Lamentações não trazem seu dinheiro de volta. Encare os erros, identifique as causas e faça os ajustes necessários para que não se repitam mais.

Temos a tendência de acreditar que pessoas de sucesso ganham dinheiro em tudo o que fazem. Esse é o mais puro engano; elas também perdem, e, quando isso acontece, os prejuízos são volumosos, justamente porque operam com grandes valores. A diferença é que elas não desperdiçam seu tempo murmurando por causa dessas perdas. Elas sabem dos riscos que correm e conhecem, como ninguém, meios para tentar reverter a situação. Não se deixam abater pelo desespero ou pela culpa por ter errado, mas procuram manter o equilíbrio e a razão. Nesses momentos, a emoção fica para segundo e terceiro planos. O cérebro delas foi treinado para agir assim ao longo do processo de enriquecimento.

Podemos recuperar prejuízos sofridos, mas não o tempo perdido!

5 | PENSAMENTO POSITIVO

Nunca pense negativamente – isso só vai prejudicar sua vida e seus negócios

É fundamental pensar de maneira positiva em todos os momentos da vida: trabalho, lazer e família. Seja positivo até nas situações mais difíceis, pois são os momentos em que precisamos de mais energia positiva. Agindo dessa maneira, usaremos sempre a razão. Exercite esse tipo de pensamento e verá que coisas boas passarão a acontecer a você e seus negócios.

Você, com certeza, já deve ter lido sobre o poder do pensamento e seguramente já vivenciou os resultados em algum momento da vida. Ao pensar positivamente, abrimos uma janela para atrair coisas boas para nossa vida e nossos negócios. Se o pensamento é negativo, o canal se fecha, fica obstruído, e passamos, então, a atrair coisas negativas que somente nos prejudicarão.

Com base na troca de experiências com pessoas do meu convívio, sou levado a acreditar que todos, em algum momento, já vivenciaram os resultados práticos desse poder.

Pessoas desanimadas e pessimistas sempre acham que as boas oportunidades só surgem para os outros. Lamentam sempre, dizendo que a vida é cruel com elas e que todos atingem o sucesso e a prosperidade, menos elas. Adoram se fazer de vítimas, pois esse é um comportamento de autodefesa. Fazendo-se de esquecidas pela sorte, elas justificam sua falta de ação e seus consequentes fracassos. De quebra, acreditam ainda que, com essa conduta, podem despertar a compaixão e, quem sabe, a simpatia dos outros.

Uma boa maneira de exercitar o pensamento positivo é escrever frases otimistas, deixando-as visíveis em alguns lugares da casa. Cole-as, por exemplo, no espelho do banheiro, um dos primeiros pontos para onde se olha pela manhã. Com isso, seu dia seguramente será melhor. Faça o mesmo em seu local de trabalho, na mesa e no computador. Com essa ação simples, você estará mais atento, evitando que seja vencido pela tentação de se entregar ao desânimo, como a maioria das pessoas comuns. Caso nos deixemos vencer, corremos o risco de passar boa parte da vida, se não toda, sem conseguir mudar essa situação. É o mesmo que andar em círculos, e nunca achar uma saída.

Evite pessoas negativas, que fazem do ato de queixar-se da vida uma rotina. Elas não o ajudarão em nada em seu projeto de vida, nem no processo de ganhar dinheiro e acumular riquezas. Quando evitamos pessoas negativas e agimos de forma positiva, o universo conspira a nosso favor. A partir daí as transformações passam a ser mais facilmente percebidas, seja no ambiente de trabalho, nos negócios, seja na convivência familiar.

O tempo perdido com murmurações não traz nenhum benefício, somente atrapalha.

6 | CULTURA FINANCEIRA

Desenvolva um relacionamento saudável com o dinheiro

Quando se tem formação e conhecimento para gerir valores monetários, fica mais fácil a compreensão do que se pretende fazer no projeto de ganhar dinheiro e acumular riquezas. Daí a importância do conhecimento da área financeira. Para ter sucesso nessa empreitada, porém, é necessário também que você adquira cultura em áreas afins à econômica, como a de legislação, contabilidade e administração. Toda essa bagagem extra completará sua formação, tornando-o mais preparado para identificar boas oportunidades nos negócios e possíveis intempéries no cenário econômico nacional e mundial. E, dessa forma, você não será surpreendido negativamente.

Filhos de famílias que já alcançaram o sucesso financeiro tiveram o privilégio de crescer em um ambiente rico em informações e bons exemplos do mundo corporativo. Em casos assim, o aprendizado começa dentro de casa, desenvolve-se na empresa da família e é complementado em boas universidades, dentro ou fora do país. Os pais, zelosos, não medem esforços para preparar seus sucessores.

Se você não teve o privilégio de herdar fortuna e formação financeira de sua família, não tem problema; comece quanto antes a se preparar investindo em você mesmo. Matricule-se numa boa escola superior na área de sua atuação profissional. Faça estágios em companhias sólidas para ganhar experiência e enriquecer seu conhecimento sobre o mundo corporativo. Aproveite a oportunidade para também desenvolver habilidades nos relacionamentos interpessoais. Conexões são sempre importantes no mundo dos negócios, afinal, em qualquer organização, são as pessoas que movem os negócios e estão por trás dos números, dos lucros e de todo bom resultado.

Um bom aprendizado profissional é trabalhar ou, ao menos, conhecer o trabalho de uma instituição financeira que atue em gestão de fundos e, também, em fusões e aquisições.

A formação profissional é parte importante do alicerce para alcançar o sucesso financeiro. Ela possibilita que você veja os negócios de maneira mais clara, melhora o feeling para as boas oportunidades e a autoestima.

7 | REAVALIE SUAS LEITURAS DIÁRIAS

Leia o máximo que puder; leitura é cultura e também um ótimo exercício para o cérebro

Atente para a leitura de conteúdos voltados a seu interesse e sua profissão. Caso seja na área de negócios, entender os movimentos dos mercados, seja ele doméstico, seja externo, pode ajudar. Graças à economia globalizada, essas mudanças acontecem e se refletem com velocidade cada vez maior. Com um bom volume de informações diárias sobre assuntos pertinentes a seu ramo, fica mais fácil entender a realidade vigente nos mercados, e, com isso, você fica mais preparado para os imprevistos. O elemento surpresa para os negócios não é bom; os acontecimentos devem acontecer como planejado, ou muito próximo dele.

Alguns sites apresentam conteúdos excelentes sobre as áreas de finanças e negócios. Bons exemplos são os da Comissão de Valores Mobiliários (CVM), do Banco Central (BC), do Banco Nacional de Desenvolvimento Econômico e Social (BNDES), do Instituto de Pesquisa Econômica Aplicada (Ipea), de universidades de negócios, entre outros. Existem ainda portais de instituições financeiras, corretoras e jornais e revistas, todos especializados, e que trazem diariamente ótimos relatórios com análises dos mercados.

Vale lembrar que a leitura exercita o cérebro e melhora o entendimento e a compreensão das pessoas e do mundo à sua volta. Por isso é extremamente importante que você desenvolva o hábito de uma boa leitura diária. Por meio dela obterá os conteúdos para estar sempre bem informado. No mundo dos negócios, a informação é um dos principais ingredientes para alcançar o sucesso. Você precisa entender os movimentos dos mercados e tirar proveito disso. Tudo acontece muito depressa porque os processos são dinâmicos, e não podemos perder o *timing*, senão corremos o risco de perder, também, as oportunidades.

Você pode fazer diversos tipos de investimento, mas imagine, por exemplo, que decida investir em ações. Sabemos que esse tipo de investimento é de alto risco e muito sensível às notícias e às especulações. Basta uma palavra ou frase colocada na fala de uma autoridade da área econômica para que o mercado reaja positiva ou negativamente. Leio diariamente os principais jornais eletrônicos, relatórios e informativos sobre mercados e percebo que mesmo os mais experientes analistas erram, e, às vezes, erram muito! Estar antenado às notícias e às informações é um pré-requisito que vale para qualquer tipo de investimento ou negócio.

Os movimentos nas bolsas são muito rápidos, e, se você não estiver atento ao que acontece ou pode acontecer nos mercados, certamente perderá dinheiro. Os riscos desse tipo de investimento são inversamente proporcionais ao nível das informações que temos. Mais informações, menos riscos. Essa é a lógica.

Independentemente do tipo de investimento que pretenda fazer, é necessário que você conheça bem o assunto. Por isso, um dos caminhos mais seguros e rápidos para obter informações e que o ajudará em suas tomadas de decisão é realizar leituras confiáveis. Tenha acesso a bons jornais, revistas, livros e artigos de especialistas. Evite perder tempo, seja seletivo em relação ao que lê. O tempo é uma preciosidade, por isso, atenha-se aos assuntos relacionados a seus negócios de interesse.

Não perca tempo lendo futilidades ou notícias sensacionalistas. O tempo que se gasta com essas publicações é o mesmo que se leva para ler sobre temas que farão diferença positiva em sua formação.

Esteja sempre ligado ao que está acontecendo no mundo. Sempre que tiver oportunidade, converse com alguém mais experiente e que esteja há mais tempo percorrendo um caminho semelhante ao seu. Posso assegurar que aprenderá muito com essas conversas, ouvirá relatos surpreendentes e muitos exemplos de sucesso.

Ainda que seja impossível deter o envelhecimento do corpo, não podemos deixar envelhecer nossa mente, nem nossos conhecimentos.

Leia o máximo que puder, pois a leitura é um ótimo exercício para o cérebro, que nos manterá sempre jovens.

Lembre-se: o conhecimento serve para ser compartilhado e gerar valores para você e seus negócios. Por isso, use-o com sabedoria.

8 | FONTES DE RENDA

Renda e poupança são a combinação perfeita na formação de riqueza

Para poupar é preciso ter alguma fonte de renda. Se você já tem ao menos uma, comece agora mesmo a formar suas economias. Independentemente do valor de que possa dispor, por menor que seja, o importante é que comece já. Não perca tempo, economizar e investir é para a vida toda! Formar patrimônio e riquezas também. São conquistas que demoram.

O que sentimos ao ver render o dinheiro que aplicamos é muito gratificante. É a materialização de um sonho idealizado lá atrás, quando elaboramos o planejamento. Economizar, aos poucos, se tornará vital para seu bem-estar e você nunca mais abandonará essa prática. Cada economia será uma nova conquista que o instigará a fazer sempre mais. Acredite, chegará um momento em sua vida em que economizar e aplicar passarão a ser ações naturais. É aí que vem a melhor parte: é quando começamos a sentir o gosto da conquista e da consequente autoconfiança. Esses sentimentos serão a bússola que confirma que está no caminho certo, ou seja, que está em busca do que estabeleceu no planejamento inicial.

Se você recebe salário, mesada, bônus, aluguel ou tem qualquer outra fonte de renda, já pode começar a economizar. Retire parte de seus ganhos todos os meses e abra uma conta de aplicação. Como foi falado, juntar dinheiro num volume que assegure independência financeira pode demorar muitos anos ou até a vida toda. Então, não perca tempo e comece agora mesmo!

Caso sua renda venha de um salário e seu orçamento não dê folga para economizar, pense em ter um segundo emprego ou mesmo um "bico". Invista todo o montante que vier dessa segunda atividade, afinal, você não dependia dela para viver. Não veja esta sugestão como dura demais ou cobrança exagerada, entenda que acumular riqueza e formar patrimônio depende de comprometimento e, muitas vezes, de sacrifício, pois não é uma empreitada fácil. Ganhar dinheiro é difícil. Quando se ganha com facilidade, geralmente se gasta com a mesma facilidade. Isso acontece porque não houve dificuldade ou esforço na conquista, nem foi dado ao dinheiro o seu devido valor.

O dinheiro não pode ser tratado com desprezo, pois é muito sensível a esse tipo de tratamento. Pessoas com projeto de investir na formação de patrimônio e ser independentes financeiramente devem ter zelo e apreço pelo dinheiro. É uma mercadoria muito valiosa, difícil de ganhar e fácil de gastar, por isso precisa ser tratado e aplicado de maneira correta. Proteja-o e use-o com sabedoria, que ele aumentará e renderá frutos, proporcionando a você e sua família conforto nas horas necessárias e um futuro de segurança e tranquilidade.

Procure alternativas para aumentar sua renda e, consequentemente, o volume dos investimentos. É muito importante buscar saídas que encurtem o tempo para conquistar a independência financeira. Maior volume aplicado regularmente é igual a menor tempo para atingir o resultado.

9 | HABILIDADES PARA GANHAR DINHEIRO

Nunca sinta inveja do sucesso alheio –
é um sentimento pobre e negativo que traz sofrimento

Há pessoas que têm mais facilidade para ganhar dinheiro do que outras. É comum dizer que elas conseguem “atrair dinheiro” ou que “tudo o que tocam vira dinheiro”. Você já pensou em por que isso acontece?

Entendo que essas pessoas desenvolveram habilidades de perceber oportunidades onde outras não veem nada. São mais focadas naquilo que fazem. Têm a marca de ser mais perseverantes que a média, e nunca desistem dos projetos que empreendem independentemente do grau de dificuldade que terão de enfrentar.

Conheço algumas pessoas com esse perfil e imagino que você também conheça. Geralmente são figuras admiradas pelo que fazem e cujos negócios prosperaram acima da média de mercado. A maioria de seus empreendimentos contabilizam altos índices de sucesso, com excelentes taxas de retorno.

Se formos atrás da verdadeira história dessas pessoas, perceberemos que suas conquistas são fruto de muito trabalho e que elas não conseguiram nada com facilidade, nem num passe de mágica, como muitos imaginam. Elas despenderam muito trabalho, conhecimento, foco e dedicação no processo de enriquecimento, além dos investimentos financeiros. São bem informadas e, por isso, conseguem se antecipar aos acontecimentos, isso quando não fazem parte deles. Têm visão de negócios a médio e longo prazo e sabem que nada ocorre de forma repentina. São conscientes de que tudo demanda trabalho e tempo, e, em algumas situações, paciência.

Elas prosperaram na vida financeira porque sempre trabalharam e trabalham muito. Cumprem jornadas de 12 a 14 horas por dia, e às vezes até mais. Pode parecer muito, mas é exatamente assim que agem. Trata-se de pessoas obstinadas por resultados e focadas no que fazem. Planejam bem suas ações e procuram tomar decisões acertadas; medem os riscos que estão correndo porque não gostam de ser mal surpreendidas. Além disso, conseguem empreender vários negócios simultaneamente e controlar todos eles com a mesma eficiência.

Tenho um amigo com habilidades admiráveis para atrair negócios lucrativos. Ele está sempre capitalizado para aproveitar as oportunidades, além de se manter muito bem informado sobre o que acontece no mundo financeiro, corporativo, social e político. Ele é a confirmação do que comentei no item 6, de que, para estar apto a reconhecer oportunidades com boa rentabilidade, é preciso estar atento ao que acontece e se passa ao seu redor.

Esse amigo é um incansável negociante que compra e vende tudo o que pode lhe proporcionar ganhos financeiros. As operações que realiza são de valores bastante elevados, e, por isso, ele sabe que precisa ser sempre uma pessoa muito focada no que faz. É sempre bom ter em mente que, nos negócios que envolvam grandes cifras, é necessário ter atenção redobrada para que nada saia errado. Caso algum resultado não ocorra como planejado, as perdas podem ser grandes e difíceis de recuperar.

10 | HABILIDADES PARA GASTAR DINHEIRO

Existem pessoas que gastam o que não têm e existem aquelas que não gastam o que têm

Você se define como uma pessoa habilidosa e contida, quando o assunto é gastar dinheiro? Ou é daquelas que vivem o hoje, sem se preocupar com o futuro, porque entende que ele é incerto e por isso deve viver intensamente o presente?

As pessoas são tentadas o tempo todo a comprar, a gastar de alguma forma. Isso ocorre por vários motivos. Um deles é porque carregamos o sentimento de que sempre somos merecedores de algum regalo. É comum justificarmos: vou fazer isso porque mereço; vou fazer porque trabalho muito e dinheiro serve para isso; vou fazer agora porque nada sei sobre o dia de amanhã.

Seu sentimento é legítimo, mas a questão é: está na hora de satisfazer certos desejos ou eles podem esperar um pouco mais? Desejo e necessidade são coisas bem distintas. Desejo é aquilo que eu quero, mas posso renunciar no momento; é algo que não preciso fazer agora, como trocar de carro, por exemplo. Já a necessidade é imprescindível, é aquilo que não posso passar sem, como alimentação, cuidados com a saúde, roupas e moradia. (Falarei sobre desejo e necessidade no Capítulo 2, item 14.)

Ganhar dinheiro é trabalhoso e difícil e demanda muito tempo; já gastar é fácil e de uma velocidade impressionante. Quando você ganha dinheiro, geralmente pensa em comprar alguma coisa que sempre desejou, mas nunca teve condições de adquirir. É preciso cautela nessas situações porque, se a compra for de um bem de consumo, como um carro, ela representará mais uma despesa. Nesse caso, você só verá parte do dinheiro novamente quando vendê-lo, e o valor já estará depreciado. Agora, se você decide comprar algum bem para compor seu patrimônio, como um imóvel, ou deixou o dinheiro em uma aplicação financeira, adotou a estratégia correta. Está de parabéns! Ao seguir esse caminho, não gastou seu dinheiro, e ainda poderá obter outras receitas de aluguel ou juros. Agindo dessa maneira, está se tornando um investidor!

Se tiver facilidades para gastar, cuidado! Esse tipo de comportamento costuma se transformar num grande problema e muitos têm dificuldade em enfrentá-lo. Procure desenvolver habilidades para controlar seus ímpetos. Gaste somente o estritamente necessário e de forma contida, provando a você mesmo que tem controle sobre suas finanças e suas ações.

Pense diferente: gaste seu dinheiro comprando imóveis, ouro ou dólar, por exemplo, nos momentos em que perceber que os preços estão atraentes.

Cuidado, não se deixe levar pelas propagandas mágicas e cheias de facilidades que chegam até você diariamente.

11 | OS QUATRO MODELOS DE ORÇAMENTO

As dívidas incomodam as pessoas;
você não pode ser feliz com dívidas

Elaborei quatro modelos de orçamento para ajudar você a fazer seu planejamento financeiro e, assim, ter melhor controle sobre seus gastos e seu dinheiro. É de suma importância ter um modelo de orçamento para seguir. Agindo assim, você evita sustos e possíveis dificuldades pela frente. Caso já utilize outro modelo e ele o atenda, ótimo! Isso mostra que você está um passo à frente de muitas outras pessoas e está no controle de suas finanças.

Quando se elabora um orçamento, fica mais fácil antecipar resultados positivos e negativos e fazer os ajustes necessários. No início, verifique as anotações do orçamento semanalmente, para checar se tudo anda conforme o planejado. Não ter planejamento financeiro é o mesmo que voar sem um bom plano de voo, e a possibilidade de dar errado é grande e muito perigosa.

Analise os modelos de orçamentos a seguir, e identifique em qual deles suas finanças se aplicam hoje. Vale lembrar que o ponto de partida para perseguir o objetivo aqui proposto é praticar, no mínimo, o modelo 2, no qual receita e despesa estão equilibradas. Ou seja, o que você recebe no mês é suficiente para pagar suas despesas e não ficar devendo. Não existe sobra, mas também não existe dívida.

Nosso objetivo é alcançar e praticar os modelos 3 e 4, nos quais haverá sobras de caixa para investir. A partir desses modelos, você estará apto a formar suas reservas de maneira consistente e continuada, as quais serão destinadas a futuros investimentos e à formação de patrimônio.

Caso já esteja praticando o modelo 3, parabéns! Seu próximo passo será alcançar o modelo 4. E, uma vez praticando esse modelo, bastam tempo e dedicação para atingir seu objetivo maior que é consolidar o patrimônio e conquistar a sonhada independência financeira.

1

No primeiro modelo de orçamento, que chamaremos de **Orçamento de Altíssimo Risco**, consideraremos as **receitas (-) dívidas**.

NÃO GASTE ANTES DE TER

1. RECEITAS		**R$ 2.000**
2. DÍVIDAS	ALIMENTAÇÃO	R$ 1.000
	MORADIA	R$ 700
	SAÚDE	R$ 500
	TRANSPORTE	R$ 300
	VESTUÁRIO	R$ 200
	OUTRAS	R$ 300
3. RESULTADO		**-R$ 1.000 ***

*dívida para o mês seguinte

Nesse modelo, a pessoa gasta antecipadamente toda a sua renda e um pouco mais, antes mesmo de ter em mãos os recursos. O que tem a receber não será suficiente, sequer, para pagar as dívidas já contraídas; parte delas, invariavelmente, será quitada no mês seguinte. Esse indivíduo é um endividado por antecipação e, na maioria dos casos, não consegue sair dessa situação. Entra ano, sai ano, é a mesma coisa: está sempre pendurado em dívidas. Isso geralmente acontece pela falta de controle financeiro, mas não podemos negar as situações de necessidade. Dessa forma, é como se as suas finanças estivessem em uma UTI financeira. Para piorar, a dívida vem sempre acompanhada de juros, multas, taxas e cobranças indesejáveis, tudo isso acaba gerando mal-estar e constrangimentos.

Nessa situação, a pessoa vive como se andasse em círculos, e sair deles parece impossível. Quando reflete sobre a situação, é comum se entregar ao desespero. É como se passasse a ficar sem oxigênio. As consequências podem ser nefastas, gerando, inclusive, instabilidade emocional. E, dependendo do grau de estresse, uma doença orgânica pode ser apenas uma questão de tempo.

Contudo, essa pessoa, em algum momento, terá de se organizar e tentar sair desse ciclo vicioso. No princípio, pode parecer impossível, mas não se entregue ao desespero, porque existe solução. A primeira medida deve ser o controle dos gastos, buscando o equilíbrio entre receitas e despesas. Corte todas as despesas que achar possível, e, também, parte daquelas que achar impossível. É a verdadeira economia de guerra. Deve-se cortar sem dó nem piedade.

Lembre-se de que controlar os gastos só depende de você, é uma questão de atitude, de fazer com que aconteça. Já ganhar dinheiro depende de fatores externos, como oportunidades, e sobre os quais você não exerce absoluto controle.

Esse é um problema tão preocupante que já existe em algumas cidades brasileiras uma instituição denominada Devedores Anônimos (DA), cujos integrantes são pessoas que se encontram na mesma situação – completamente endividadas – e que se reúnem visando à troca de experiências e à mudança de atitude para tentar sair do endividamento. O único requisito para fazer parte do DA é que a pessoa tenha o desejo de não contrair novas dívidas.

Infelizmente essas pessoas sofrem da síndrome do débito compulsivo, ou seja, quando a vontade de gastar é mais forte do que a de economizar. Elas já não exercem mais controle sobre seus ímpetos, e por isso estão sempre gastando.

Para os devedores contumazes, vai um conselho: muito cuidado, porque nada é tão ruim que não possa piorar, e depois do fundo do poço pode existir um porão. Lugar ainda mais sombrio para suas finanças, e de onde sair é muito mais difícil.

Quando se trata de cortar despesas, às vezes cortar na carne somente não basta, é preciso cortar no osso também. Não seja tímido em suas atitudes para manter seu orçamento equilibrado. Muitas vezes, somente com decisões fortes e radicais se consegue reverter a situação e alcançar o equilíbrio necessário.

2

No segundo modelo, que denominaremos **Orçamento Sob Controle**, a equação a ser seguida é **receitas (-) despesas**.

1. RECEITAS		**R$ 2.000**
2. DESPESAS	ALIMENTAÇÃO	R$ 700

SALDO POSITIVO

	MORADIA	R$ 500
	SAÚDE	R$ 400
	TRANSPORTE	R$ 200
	VESTUÁRIO	R$ 100
	OUTRAS	R$ 100
3. RESULTADO		**R$ 0**

Se você já pratica esse modelo, é porque existe controle sobre o orçamento, quando receitas e despesas estão equilibradas e nada foi gasto antecipadamente, além do previsto. Aqui, a pessoa recebe antes para então gastar, não comprometendo a receita. O total do que recebe é usado com as despesas correntes do mês, mas, mesmo assim, ao final, não há nenhuma sobra. É evidente que se trata de uma situação bem melhor, se comparada ao modelo 1, porque a relação entre receitas e despesas está harmonizada. Entretanto, ainda não é o modelo ideal, porque a receita está 100% comprometida e não há sobras para economizar ou investir.

Quando falo que a situação evoluiu para quem tem as contas equilibradas, basta analisarmos o atual momento que atravessa a economia de nosso país. De acordo com pesquisa da Confederação Nacional do

Comércio (CNC), mais de 50% das famílias brasileiras estão endividadas. O quadro torna-se mais dramático se observarmos o cenário econômico, que aponta para mais recessão e desemprego nos próximos anos, até que a economia possa reencontrar o caminho do crescimento.

Ao praticar esse modelo de orçamento, você estará a caminho de fazer sobrar parte de seu rendimento para, então, começar a economizar. Mantenha-se vigilante com as despesas, porque qualquer descontrole fará você voltar ao modelo anterior. Isso não pode acontecer! Um rebaixamento, a esta altura, seria desastroso e abalaria sua motivação e as conquistas alcançadas.

Superada essa fase, na qual receitas e despesas controladas já fazem parte de sua cultura financeira, podemos perseguir o modelo seguinte, o orçamento 3.

3

O terceiro modelo, que chamaremos de **Orçamento Ideal**, segue a fórmula **receitas (-) despesas (-) investimentos**.

1. RECEITAS		**R$ 3.000**
2. DESPESAS	ALIMENTAÇÃO	R$ 700

	MORADIA	R$ 500
	SAÚDE	R$ 400
	TRANSPORTE	R$ 200
	VESTUÁRIO	R$ 100
	OUTRAS	R$ 100
3. INVESTIMENTOS		**R$ 1.000**

Esse modelo de orçamento é praticado por pessoas que, por meio do trabalho, conquistaram o privilégio de estar financeiramente à frente de uma maioria. Nele, somente parte da receita é comprometida com as despesas do mês, e há excedente para economizar e investir. Não existem mais os apertos constantes pela falta de dinheiro para a subsistência. Ao alcançá-lo, você já terá conquistado uma boa renda e, o que é melhor, tem total controle sobre seu orçamento. Já não gasta sem necessidade, gerando sobras para aplicar.

É um momento de grande satisfação por constatar que os esforços empreendidos foram eficientes e começaram a gerar resultados. A partir desse ponto, o orçamento tem folga, o que possibilita a formação de reservas. Você perceberá que sua vida financeira está bem melhor do que quando praticava os modelos de orçamento 1 e 2. Você está alcançando os objetivos traçados, lá atrás, quando elaborou o planejamento financeiro.

Quando você começa a formar reservas financeiras, uma janela de oportunidades é aberta à sua volta. Essa nova realidade lhe permitirá aproveitar os bons negócios que possam surgir. Se preferir, mantenha esses recursos em uma boa aplicação financeira e, quando tiver volume suficiente, terá mais poder de negociação, aí poderá adquirir um bem e começar a formar seu patrimônio.

Você deve praticar, no mínimo, este modelo de orçamento, e nunca mais retornar para nenhum dos anteriores!

Agora que chegou até aqui, deve prosseguir com a mesma obstinação para alcançar o modelo seguinte, o número 4, e nele permanecer pelo resto da vida.

4

O quarto modelo, que denominaremos **Modelo Avançado**, é composto por **receitas (-) investimentos (-) despesas**.

ESTE É O MODELO DE ORÇAMENTO QUE VOCÊ DEVE PRATICAR A VIDA TODA

1. RECEITAS		**R$ 10.000**
2. INVESTIMENTOS		**R$ 3.000**
3. DESPESAS	ALIMENTAÇÃO	R$ 2.000
	MORADIA	R$ 1.500
	SAÚDE	R$ 1.000
	TRANSPORTE	R$ 1.000
	VESTUÁRIO	R$ 500
	LAZER	R$ 500
	OUTRAS	R$ 500

Esse modelo de orçamento é utilizado por pessoas privilegiadas financeiramente, aquelas que alcançaram o sucesso financeiro. Aqui, suas receitas já atingiram determinado volume que lhe permite tratar da conta investimento, antes mesmo das despesas. Isso só é possível porque todo mês haverá sobras de caixa. A partir desse ponto, para construir patrimônio e enriquecer, é uma questão de tempo. Vale lembrar que esse tempo será proporcional ao montante que conseguir investir regularmente. Então, invista o maior volume que puder e, se possível, crie alternativas de outros rendimentos, e assim atingirá seus objetivos mais rápidos.

Em nenhuma hipótese poderá haver afrouxamento no controle de gastos. É preciso manter-se firme e vigilante para que a receita não diminua, nem as despesas aumentem, a fim de não comprometer sua capacidade de investimentos. Essa conquista é fruto de muito trabalho, dedicação, foco e disciplina. Trata-se da materialização do planejamento, a coroação da busca empreendida na formação do patrimônio e da independência financeira.

Já imaginou quantos brasileiros gostariam de estar com suas finanças equilibradas, praticando, pelo menos, o modelo 2 de orçamento? Seguramente, a vida seria bem melhor e com bem menos privações e dificuldades.

Você se recorda quando, no modelo 2, falei sobre o endividamento das famílias brasileiras? Essa é uma realidade: mais da metade dessas famílias tem a renda seriamente comprometida, seja com créditos consignados, empréstimos pessoais, limite do cheque especial, rotativo do cartão de crédito, só para falar das situações mais comuns. Isso significa que, nesse contingente, as pessoas gastam mais do que ganham, por isso estão endividadas. Esse tipo de situação, em sua maioria, ocorre porque falta educação financeira.

Por isso, mantenha pulso firme em seu orçamento e nunca perca o controle sobre ele. Assim, você verá que todo o esforço valerá a pena.

Lembre-se: este é o modelo de orçamento que deve praticar pelo resto da vida.

CAPÍTULO 2

BONS RESULTADOS DEPENDEM DE BOAS COMPRAS

1 | COMPRA POR IMPULSO

Nunca compre ilusão. Existem vendedores de ilusão, e compradores também

Nos momentos em que sentir uma vontade incontrolável de comprar porque viu uma propaganda pela mídia ou uma peça na vitrine de uma loja que chamou sua atenção por estar *muito barata*, cuidado, esteja atento! É nessas horas que a *tentação* de comprar está nos testando. Nessas ocasiões, sugiro que faça o seguinte exercício: pare, respire fundo várias vezes, conte até dez, vá tomar um sorvete ou um café e, durante esse tempo, aproveite para lembrar quanto é trabalhoso e difícil ganhar dinheiro.

Ninguém vende nada muito barato; isso é pura ilusão. Como o comerciante abriria mão de parte significativa do lucro sobre um produto, se ele precisa desse mesmo lucro para se manter no negócio? Por isso, seja esperto e não se deixe vencer pela publicidade. Mesmo que o preço seja tentador, antes de efetuar a compra, faça a você algumas perguntas e reflita bem sobre as respostas. Estou realmente precisando disso que estão vendendo? Essa compra é muito importante para mim? O valor cabe em meu orçamento? Será que não consigo preços mais atraentes na concorrência? Se depois de todos esses questionamentos ainda estiver convencido de que deve comprar porque está realmente necessitando daquele produto, negocie o pagamento à vista e consiga um bom desconto. Dessa forma você não fará nenhuma dívida, e ainda pagará menos.

Agindo assim, uma coisa é certa: você andou na contramão do que fazem as pessoas compulsivas por compras. Você deu a si mesmo a oportunidade de pensar antes de agir. Não deixe que sua vida financeira seja comandada por sentimentos que não sejam a razão. Um desejo satisfeito em momento indevido pode representar meses e até anos de muita contrariedade e estresse. Sempre reflita e avalie a real necessidade de efetuar uma compra.

Quando estão entristecidas ou com a autoestima baixa, as pessoas correm o risco de comprar sem necessidade. Esses são os piores momentos para as compras, porque as pessoas estão vulneráveis. São situações perigosas que devem ser evitadas, e a probabilidade de se fazer um mau negócio é iminente.

Com base em estudos, o comprar compulsivo só passou a ser tratado como doença há pouco tempo. Felizmente, também, cada vez mais pessoas buscam ajuda profissional quando percebem que estão perdendo o controle da situação. Conhecido por oniomania, o comprar exagerado é considerado uma doença de cunho psicológico e, embora não existam dados oficiais, por ainda não ter sido realizada uma pesquisa quantitativa no Brasil, estima-se que o problema acometa mais de 5% da população nacional.

O acesso à publicidade não contribui em nada para a diminuição desse número, já que, diariamente, somos bombardeados pela ideia de que devemos comprar e consumir para ser mais felizes. Não estou falando que consumir é errado e não gera prazer e satisfação. Ao contrário, comprar é prazeroso e por isso deixa as pessoas mais felizes, desde que isso não se torne uma compulsão nem coloque suas finanças em risco ou lhe imponha sacrifícios.

Então, segue uma dica simples e que costuma ser eficiente: aprenda a dizer "não" para você mesmo. Sempre que estiver em dúvida sobre fazer algum gasto, relaxe e pense mais sobre o assunto, e não se esqueça do monólogo interior com as perguntas-chave. Assim, você poderá conseguir se livrar da tentação, que, se consumada, pode se transformar em arrependimento e dívidas.

2 | A REAL NECESSIDADE DE COMPRAR

Boa parte das compras que fazemos não seria necessária se tivéssemos avaliado melhor nossas necessidades

A televisão exibe com frequência o lançamento de novos produtos. Mostra, também, pessoas passando a noite em filas para conseguir comprar as primeiras unidades, como se essa conduta fizesse dessas pessoas cidadãos mais inteligentes e espertos que os demais. Na verdade, isso é pura estratégia de marketing para atingir o emocional do consumidor. Devemos ter consciência de que, para esse meio de comunicação de massa, a propaganda é de vital importância. Afinal, a publicidade é sua principal fonte de receita.

Munido dessas informações, é hora de você saber se todas as compras que fez recentemente foram por necessidade. Faça uma lista de tudo o que comprou nos últimos cinco anos e analise o que realmente precisava e o que comprou por comprar. Caso conclua que boa parte das peças e dos objetos relacionados não está sendo usada e, se estiver, não é de fundamental importância ou relevante para seu conforto, tenha a certeza de que não exerceu corretamente suas habilidades de bom comprador.

Nesse momento, você perceberá que, além de ter queimado seu dinheiro, boa parte daquilo que foi adquirido ocupa hoje espaço em sua casa, enchendo armários, quartos, salas e até a garagem. Olhar para essas tralhas como dinheiro inativo é um bom exercício para aprendermos a controlar melhor nossos gastos.

São inúmeros os motivos que nos levam a querer adquirir determinado produto. Ou porque está na moda e não podemos ficar de fora ou, então, pelo simples prazer de comprar. Muitas vezes agimos assim para não nos sentirmos excluídos de nosso grupo social ou mesmo familiar. É muito comum estabelecermos comparações entre a nossa vida e a de terceiros, com base, principalmente, no status e na aparência. Viramos, com isso, um exército de pessoas que vestem as mesmas grifes e dirigem os mesmos carros. Não questiono, aqui, se esses valores estão de acordo com nossa personalidade e nossa condição.

Quando eu fiz um curso de pós-graduação na área de negócios, na década de 1990, ocorreu um episódio bastante curioso com um dos colegas. Certo dia, ele chegou à universidade, todo empolgado, comentando que havia comprado um encerado para caminhão – um tipo de lona usada para proteção de cargas –, porque viu uma promoção tão espetacular que acabou não resistindo. No entanto, esse colega sequer tinha caminhão para usar a lona. No entendimento dele, o negócio era tão bom – e o impulso pela compra maior ainda –, que se julgou um felizardo por comprar algo que, provavelmente, jamais usaria. Veja a que ponto as pessoas chegam: comprar um objeto sem nenhuma necessidade é porque lhes faltam controle emocional e habilidade para lidar com dinheiro.

Nunca adquira nada que não seja de fato útil e necessário para você e sua família. Não se deixe levar pela emoção, use sempre a razão durante a compra. Esteja sempre bem emocionalmente quando o assunto envolver dinheiro. Caso sinta dificuldades de enfrentar sozinho esse desafio, não se acanhe e busque ajuda profissional.

3 | O MOMENTO CERTO PARA COMPRAR

Nunca compre em datas comemorativas, ou próximo delas, pois certamente você vai pagar mais caro

O bom comprador conhece o melhor momento de ir às compras. Ele planeja quando, quanto e como vai comprar, seguindo regras básicas de planejamento e controle, para tentar fazer o melhor negócio. Por exemplo, comprar em datas comemorativas, ou próximo delas, significa pagar mais caro. Para você se livrar de mais essa armadilha, é bom conhecer os melhores dias do mês e do ano para fazer compras. No entanto, lembre-se: mesmo nesses momentos, compre somente o necessário. Afinal, você sabe que em uma negociação só deve adquirir os melhores produtos pelos menores preços.

No supermercado ou no shopping existem datas em que os preços de determinados produtos e serviços sobem. Comprar ovos de chocolate no dia ou na véspera do feriado da Páscoa seguramente levará você a pagar bem mais caro. Outros exemplos? Deixar para comprar peixe próximo à Semana Santa. Tomar a decisão de comprar ou renovar o guarda-roupa em datas como Natal, Dia dos Namorados e Dia dos Pais. Adquirir eletrodomésticos, joias e afins perto do Dia das Mães é sinônimo de perder dinheiro, assim como comprar brinquedo próximo ao Dia da Criança. Em todas essas datas comemorativas, certamente você pagará mais caro. Quer ver outro exemplo que todos conhecem, mas ainda ignoram porque o desejo supera a necessidade? Comprar um novo modelo de veículo no lançamento.

Se nas datas especiais os preços sobem, eles podem cair em determinados períodos e momentos. As donas de casa sabem que as redes de supermercados têm dias específicos para colocar alguns itens em promoção. O melhor exemplo são os hortifrútis. Nesses dias é possível fazer uma boa economia, se você comprar somente os produtos em promoção. No entanto, tenha cuidado, porque as promoções são apenas para alguns itens, em um universo de vários outros que não têm desconto nenhum, podendo até estar mais caros. Caso você adquira artigos fora da promoção, todo o seu esforço para economizar poderá ter ido pelo ralo.

Quando for ao supermercado, leve sempre a lista do que está precisando e fique atento àqueles carrinhos enormes que são disponibilizados para você carregar suas compras. Faz parte da estratégia de venda desse tipo de estabelecimento. A intenção, no fundo, é proporcionar conforto para que os clientes comprem o máximo que puderem transportar. Essa é uma armadilha simples, mas na qual, se não estivermos atentos, acabamos caindo. Você, porém, não mais, porque sabe que tudo à sua volta conspira para levá-lo a gastar muito! O máximo que puder, e, muitas vezes, mesmo sem poder.

Estocar mercadorias só se justifica quando a inflação compromete seu poder de compra ou se existir algum risco de desabastecimento. Por exemplo, não tenha freezer em casa e livre-se do risco de "congelar dinheiro" com produtos que perderão a qualidade, se puder obtê-los sempre frescos no supermercado mais próximo. Isso sem contar o custo da energia para mantê-lo ligado o tempo todo, ou mesmo a falta de energia, como anda ocorrendo, e, assim, correr o risco de perder tudo.

Apesar de a inflação ainda ser alta e dar sinais de que pode se manter elevada em 2017, os juros que remuneram boa parte das aplicações financeiras têm corrigido essas perdas. Por isso, seu poder de compra ainda está preservado. Basta manter seus recursos em uma boa aplicação. No momento em que vivemos é mais importante manter o dinheiro no banco rendendo do que produtos estocados em armários.

Assim, tenha como regra fazer compras fora das datas comemorativas. Se puder deixar para adquirir produtos alguns dias depois, melhor ainda, porque você conseguirá economizar nas promoções realizadas durante esse período. Um bom dia para comprar é o último do mês, quando as empresas precisam fechar suas metas e ficam mais flexíveis para conceder bons descontos. E mais, limite-se a adquirir somente aquilo de que realmente precisa, não compre porque está mais barato; elimine de sua lista todos os supérfluos. E, então, mantenha em uma aplicação financeira o valor economizado com essa atitude ou use-o em suas próximas compras.

4 | COMPRA EMOCIONAL E COMPRA RACIONAL

Nunca demonstre seus sentimentos na hora da compra, pois o vendedor seguramente vai tirar proveito disso

É muito importante que as pessoas estejam emocionalmente bem no momento da compra. Nessas ocasiões, elas devem usar somente a razão para conseguir fazer bons negócios. Evite que a emoção interfira em suas decisões. Quando não agimos dessa maneira, ficamos expostos e vulneráveis a fazer um mau negócio, porque perdemos as habilidades de bom negociador. Sem essa característica, seguramente voltaremos para casa com as sacolas cheias de prejuízo.

O ato de comprar pode ser classificado em duas categorias: a compra emocional e a compra racional. Como compra emocional, definimos aquela na qual você usa a emoção para fechar o negócio. É como se estivéssemos comprando com os olhos, com o coração, nunca com a razão. Nesses momentos, é difícil perceber se o preço de determinado produto ou serviço está caro ou barato. Às vezes, a vontade de comprar é tão grande que chegamos a esquecer de dicas básicas de economia, como fazer pesquisa para comparar os preços praticados pela concorrência.

Já na compra racional, compramos com a mente; aqui é a razão quem manda. O risco de fazer um mau negócio é menor porque, a essa altura, já teremos realizado pesquisas de preços, o que nos deixa mais preparados para negociar e pechinchar. Nessas horas, procure usar argumentos fortes e convincentes que deixarão o vendedor mais receptivo a conceder descontos, para não correr o risco de perder a venda.

Quando usamos a razão nos negócios, somos mais seguros, persuasivos, convincentes e determinados. Temos percepção mais clara do que está acontecendo à nossa volta, e, caso os preços não estejam de nosso agrado, buscaremos melhores oportunidades na concorrência. Nunca devemos ter pressa de comprar; o comprador precisa de tempo para negociar e não correr o risco de pagar mais caro.

Em qualquer negociação que fizer, transmita segurança e demonstre conhecimento sobre o produto que busca; isso ajuda a desarmar e fragilizar o vendedor. Seja convincente nos argumentos e nunca deixe transparecer seus sentimentos. Caso isso ocorra, estará fornecendo uma arma poderosa que fatalmente será usada contra você. Quando o comprador demonstra segurança, conhecimento sobre o que está buscando e tem uma postura de quem sabe o que quer, a negociação é facilitada e, naturalmente, conduzida a seu favor.

5 | CARTÃO DE CRÉDITO

O cartão de crédito pode ajudar em seu orçamento ou matar suas finanças, dependendo de como você vai usá-lo

O uso incorreto do cartão de crédito pode ter efeito devastador em seu orçamento, caso você não quite a fatura no vencimento e opte por parcelar a dívida. É semelhante a mandar de volta suas finanças para a UTI – modelo 1 de orçamento. Cartão de crédito com juros atuais acima de 440% ao ano é tão insano e comprometedor para o seu bolso, que poderia ser comparado, sem medo de errar, ao efeito de uma arma letal para sua vida financeira. Para entender o que se cobra hoje em termos de juros de cartão, observe os exemplos a seguir.

Vamos começar tomando por base dois valores, numa situação em que não pague o valor da fatura: usando 3 mil reais, em doze meses, a dívida sobe para 16.200 reais; usando 5 mil reais, em doze meses, sobe para 27 mil reais. Agora, vamos simular como ficam os mesmos valores aplicados em Certificado de Depósito Bancário (CDB), rendendo 1% ao mês por igual período: 3 mil reais viram 3.380,48 reais e 5 mil reais viram 5.634,13 reais. Imagino que você deva estar bastante surpreso, para não dizer em choque, com a discrepância entre os valores, mas é exatamente isso o que ocorre. Os valores estão absolutamente certos. Temos hoje uma das maiores taxas de juros do mundo; vejo essa situação como um verdadeiro absurdo e acho isso insano.

Mesmo num cenário feio como esse, sabendo usar corretamente o cartão de crédito, você poderá contabilizar benefícios. Nesse caso, algumas regras devem ser observadas. Primeiro, você não precisa ter mais de dois cartões. Usando-os de maneira consciente e aproveitando corretamente as datas de compra e fechamento das faturas, terá um crédito rotativo máximo de 40 dias, e médio de 20 dias, sem juros. Contudo, para que isso ocorra, é necessário que as datas de vencimento, entre ambos, tenham uma diferença de quinze dias. Além disso, você precisa ter dinheiro na conta-corrente para pagar as faturas, integralmente, no vencimento. Com essa estratégia, poderá deixar seu dinheiro aplicado rendendo juros, enquanto usa os créditos dos cartões para suas despesas mensais sem pagar juros. Como bônus extras, você acumula pontos que podem ser trocados por passagens aéreas, diárias de hotéis e compras. Eu e minha família já fizemos muitas viagens convertendo os pontos dos cartões por bilhetes aéreos.

Tenha certeza, o mercado oferecerá a você vários tipos de cartão, mas todos eles terão custo. Para aqueles que não cobram taxas de manutenção, a exemplo de lojas e mercados, existem os custos de fidelidade. O cartão só poderá ser usado no estabelecimento que o emitiu. Nesses casos, os custos já foram incorporados aos preços dos produtos e dos serviços. Não pense que estão oferecendo um crédito desses porque você merece. Nada disso! Trata-se de um negócio como outro qualquer, e, como tal, o objetivo da empresa é ganhar dinheiro.

Muitas vezes, chamam a minha atenção, em uma fila de caixa, pessoas que pegam uma carteira, daquelas com dobras e mais dobras, do tipo sanfona, que, ao serem abertas, vão esticando até bem baixo. E, em cada compartimento tem um cartão de crédito. Aquilo, sim, é "ter poder". Tem cartão para tudo: bancos, mercados, lojas de roupa, eletrodomésticos, salão de beleza, pet-shop etc.

Use o cartão de crédito somente se tiver o orçamento estruturado e não precisar parcelar ou atrasar as faturas. Enquanto isso faça economias e compre à vista com descontos ou use somente cartão de débito. Os mesmos cuidados devem ser tomados no uso do cheque especial; os juros cobrados atualmente estão acima de 290% ao ano.

6 | PESQUISAS DE PREÇOS

Use sempre a pesquisa de preços.
É uma ferramenta que ajudará você a economizar

O bom comprador nunca vai às compras sem antes ter em mãos todas as informações necessárias sobre o que pretende comprar. Para se informar, ele usa as ferramentas disponíveis, como os sites de compras e cotações, catálogos e afins. Só vai a campo quando tem em mãos todas as informações que lhe possibilitem uma boa argumentação para o melhor negócio pagando o menor preço. Costuma levar encartes e fotos de anúncios dos concorrentes, atitude que lhe dá maior poder de barganha e fragiliza em muito a estratégia usada pelo vendedor durante a negociação.

Com muita frequência, podemos encontrar pesquisas que trazem variações de preços quase inacreditáveis de tão expressivas. Todavia, não são reais! São diferenças na ordem de 50%, 100%, 200%, ou mais, no mesmo produto. Em uma economia estabilizada, as oscilações nos valores de alguns produtos e serviços não podem ocorrer com tamanha discrepância. O empresário sabe que as margens obtidas na operação são aquelas que conseguem remunerar seu capital, manter os custos e repor os estoques. Por isso, nada justifica uma variação tão grande no preço de um mesmo produto ou serviço.

Situações como essa ocorrem, sim, em quadros de inflação muito alta e nada mais são do que uma estratégia das empresas para proteger o capital. Nesse contexto, para se garantir, elas remarcam os preços dos produtos de forma descontrolada e antecipada. E, mesmo com a inflação sob controle, algumas mantêm a manobra e criam margens tão destoantes, para um mesmo produto, que o entendimento foge ao alcance da maioria dos consumidores. Estes não conseguem entender por que isso acontece nem quem está cobrando o preço justo. Por saber que algumas empresas podem agir dessa forma, ainda que nos períodos de baixa inflação, é primordial que se faça sempre a pesquisa de preços, evitando, com isso, pagar mais caro.

Para constatar na prática o que afirmei, anote durante um ano todas as economias que conseguir fazer comparando os preços antes de comprar. Agora, pegue o montante economizado e multiplique por cinco, dez ou vinte anos. O resultado será tão surpreendente e, da mesma forma, motivador, que essa simples mudança de atitude passará a fazer parte de sua vida ao verificar o tamanho da economia que conseguirá fazer.

Faça, a cada começo de ano, o mesmo com as despesas já contratadas, como assinaturas de TV, internet, telefone e plano de saúde, dentre outras. Procure conhecer os preços praticados pela concorrência; sempre é possível encontrar valores menores. Nesses casos, se quiser manter negócios com sua prestadora, use as informações obtidas para renegociar os contratos baixando seus valores. Se eles não cederem à negociação, migre para o concorrente. Depois, faça o mesmo exercício que já propus anteriormente: pegue o montante das economias conseguidas nessas negociações e projete seus valores para os próximos anos. Mais uma vez, você ficará surpreso com os resultados, fruto de uma simples mudança de comportamento e atitude.

Ao final, pegue tudo que economizou com essas medidas e aplique em uma conta, para começar a ganhar juros.

7 | A DIFERENÇA ENTRE VALOR E PREÇO

No valor existe um acréscimo relacionado ao sentimento; no preço, não

Valor e preço, apesar de terem definições diferentes, ainda costumam ser muito confundidos, no momento da negociação, ora por parte do vendedor, ora por parte do comprador. No mercado, todos os produtos e serviços têm um preço previamente estabelecido. Entretanto, existem situações nas quais, além do preço, há um valor. E, para muitos, é nesses momentos que a situação costuma se complicar.

É muito comum, quando vamos definir o preço de um bem que pretendemos vender, incluirmos um adicional de valor. Isso acontece porque entendemos que aquilo que pretendemos dispor tem um significado especial em nossa vida e, por isso, deve valer um pouco mais do que outro bem semelhante.

Vamos tomar um exemplo, no qual o envolvimento emocional na negociação é do vendedor: a venda de um veículo usado. Quando alguém pretende vender esse tipo de bem, é comum fixar o preço acima da média de mercado para modelos e ano de fabricação similares. Pedir mais é uma estratégia de negociação absolutamente correta e usual. O vendedor pede mais por entender que seu veículo se encontra em melhor estado de conservação, se for comparado a outros do mesmo ano e do mesmo modelo. Afinal, foi bem cuidado, as manutenções estão em dia, a pintura está sem retoques, os pneus estão bons e, por tudo isso, vale um pouco mais. Criou-se aí, por parte do proprietário, uma relação de apego com o bem.

Até aí, nada está errado. Como o vendedor tem a consciência de que zelou bem de seu carro por meses ou anos, ele pode, agora, ter o retorno financeiro de sua dedicação e seu investimento pessoal.

Contudo, na prática, as coisas não funcionam assim. Quando se fala em valores, o mercado já precificou o que deve ser pago por aquele veículo, de maneira estritamente comercial e objetiva. São levados em conta, basicamente, os quesitos modelo e ano de fabricação.

Contudo, para o comprador não existe nenhum valor sentimental naquele bem, afinal, não foi ele quem zelou e, por isso, não desenvolveu nenhuma relação de apego com ele. O comprador vê, simplesmente, o preço como o mercado definiu e pronto. É o que ele está disposto a pagar, e nada mais. Exemplo semelhante aplica-se a vários outros bens.

No entanto, existem exceções sobre a valoração sentimental. Isso ocorre quando o comprador busca um objeto que tenha um valor especial para ele, como uma joia de família que se perdeu na crise ou a aquisição de uma propriedade que pertenceu a sua família, onde ele nasceu ou nasceram e viveram seus pais e avós, por exemplo. Nesses casos, ele está inclinado a pagar um pouco mais, pois existe um motivo especial para a compra. Contudo, como dissemos, é uma exceção.

Fora essas situações de cunho raro, o mundo dos negócios é frio e desprovido de qualquer tipo de sentimento. O comprador está disposto a pagar por um produto, no máximo, aquilo que foi estabelecido pelo mercado. E, caso não feche negócio com você, buscará outros vendedores que o estarão aguardando e aceitam suas condições. Essas são as regras usuais praticadas pelo mercado.

8 | VENDEDOR *VERSUS* COMPRADOR

O dono do dinheiro é quem deve conduzir a negociação. Não aceite imposições do vendedor

Como você define seu perfil de comprador? Agressivo, crítico, tímido, negociador, pechinchador, inseguro, calmo, apressado, doutrinador, bem-humorado, mal-humorado, falante, calado, desconfiado....

Vou falar de um assunto que sempre me chamou a atenção, por achar muito interessante e deveras intrigante: a relação comprador e vendedor. O encontro dessas duas figuras sempre me levou a muitas reflexões. Isso por vários motivos, entre os quais achar que, na maioria dos casos, durante a negociação, existe uma competição desigual entre eles. O comprador, quase sempre, está em desvantagem em relação ao vendedor e, quando analiso os perfis de ambos separadamente, percebo de forma bem clara por que um se sobrepõe ao outro.

O vendedor foi treinado para atuar de forma segura e rentável para a empresa na qual trabalha. Participou de workshops, fez cursos de reciclagem e, em muitos casos, chegou a cursar uma faculdade na área de negócios. Está preparado o tempo todo para vender, porque essa é a sua profissão. Ele depende dela e vive das comissões de suas vendas. Acorda pensando em vendas, alimenta-se pensando em vendas e dorme pensando em vendas. Vender para ele é mais ou menos como o oxigênio que respira. Está fixado o tempo todo na possibilidade de vender.

E você, como comprador, foi treinado para comprar? Fez algum curso na área, treinamentos e reciclagens? Está sempre preparado, emocionalmente, para comprar com a certeza de estar fazendo um bom negócio? Também acorda e dorme pensando em compras? É claro que não! Salvo quando se trata de uma pessoa que sofre de compulsão por compras (ver item 1 deste capítulo).

Você deve ser mais um comprador comum, como eu e milhares de outros, que vai às compras para suprir suas necessidades. Só será diferente se for um comprador profissional, contratado por alguma companhia. E, nesses casos, é de praxe receber treinamento e cursos de capacitação, visando fazer os melhores negócios e trazer os melhores resultados para a empresa.

Voltando à relação entre vendedor e comprador, ouso afirmar que ela é comparável ao duelo bíblico no qual o jovem Davi enfrenta o gigante Golias. Pode parecer um exemplo exagerado, e com certeza é, porque aqui ninguém luta fisicamente, muito menos se mata. No entanto, você há de admitir que o vendedor quase sempre leva vantagem nas negociações, em relação ao comprador. Muitos fatores contribuem para que isso aconteça, além das qualificações já mencionadas. O vendedor conhece bem a mercadoria ou o produto que está vendendo, as margens praticadas pela empresa na qual trabalha e sabe até onde pode chegar com o preço.

Ele só facilitará a negociação se você endurecer a conversa. O vendedor só se sente ameaçado se vislumbrar que pode não concretizar a venda. Enquanto se sentir seguro em seu território, vai conduzir a negociação como melhor lhe convier. Não se esqueça de que ele desenvolveu habilidades para analisar as reações dos clientes na hora da compra. Por isso, é fundamental que você não deixe transparecer nenhuma emoção; só assim o confundirá, diminuindo, dessa forma, a vantagem que ele possa ter sobre você. O vendedor, como já disse, sente-se seguro por ter informações privilegiadas, que você não tem, sobre o produto ou o serviço que está vendendo.

Nesses momentos, proponho o seguinte: em vez de comprador, deixe vir à tona o espírito do negociador que existe em você. Antes de ir às compras, informe-se ao máximo sobre o que está buscando. Só parta para a ação com as informações necessárias em mãos, como preços, marcas, garantias e condições oferecidas pelos concorrentes. Reserve em sua agenda tempo necessário para negociar com o vendedor sem pressa. Isso diminui o risco de fazer um mau negócio. Seja um estrategista e, ao final, verá que valeu a pena a ação adotada.

Lembre-se: você é o dono do dinheiro e, por isso, é quem deve conduzir as negociações. A venda só vai acontecer se você quiser. Então, por que não ficar no comando?

9 | NUNCA COMPRE A PRAZO

Procure organizar seu orçamento e programar as compras somente à vista, com descontos

Para muitas pessoas, é difícil comprar à vista, ou quase impossível, dada a falta de dinheiro no momento da compra. Isso ocorre por dois motivos: má gestão do orçamento ou renda insuficiente para cobrir as despesas. Nesses casos, é preciso instituir um bom controle orçamentário e de forma imediata – já falamos sobre esse assunto no item 11 do Capítulo 1, em modelos de orçamentos. Quando as compras são para atender a necessidades básicas e não podem aguardar, certamente você vai comprar a prazo e pagar mais caro. Por isso, é muito importante que se organize financeiramente e faça uma reserva para comprar somente à vista. Lembre-se, já falamos que ninguém nasce condenado a não ganhar dinheiro.

Pagar mais caro é muito ruim para você e suas finanças. Além de ser penalizado com valores mais altos, o que paga a mais é sinônimo de dinheiro jogado fora que jamais será recuperado. O saudável financeiramente é pagar menos à vista e o que conseguir economizar aplicar numa conta de investimento para compor suas reservas.

Quando compramos a prazo, além do valor principal, pagamos juros muito elevados, além das famosas taxas existentes. Dependendo do prazo e dos juros, esses valores podem dobrar ou triplicar, de acordo com a linha de crédito a ser utilizada. É mais ou menos o seguinte: você paga o valor de dois ou três, levando apenas um. Enquanto o ideal é exatamente o contrário: pagar um e levar dois ou três. Os juros praticados pelas instituições financeiras, atualmente, têm taxas anuais aterrorizantes: vão de 140% no crédito pessoal, 290% no cheque especial, a 440%, no rotativo do cartão de crédito.

Vamos imaginar uma compra na qual o número de parcelas seja bastante grande – 60, 70, 80 meses. Nesse caso, existe a possibilidade de o bem ou produto adquirido acabar antes mesmo de você finalizar o pagamento. E, então, caro leitor, você terá de continuar pagando por algo que nem existe mais. E, nesse momento, perceberá que não fez um bom negócio. Aí já será tarde! Só lhe restará o arrependimento por não ter comprado à vista.

Espero que isso nunca aconteça com você, mas, caso ocorra, aproveite para revisar seu modelo de orçamento e melhorar suas habilidades de comprador. Atitudes assim servem para mostrar que somos capazes de melhorar no caminho percorrido, sem repetir os mesmos erros.

E lembre-se: caso não consiga fechar a compra em determinado estabelecimento, não se preocupe! Existem muitos outros aguardando para ouvir sua proposta. Essa é a lei do mercado. É a concorrência.

Quando compramos a prazo, quem está no controle é o vendedor.

10 | O VENDEDOR TEM URGÊNCIA EM VENDER

Para pagar mais caro,
você não precisa ter pressa

Todo vendedor trabalha com metas de vendas. Para garantir um salário melhor no final do mês, ele precisa entregar um resultado preestabelecido pela empresa. O vendedor tem *urgência em vender.* Além de visar a um rendimento melhor, ele sabe que, se não bater as metas estabelecidas, correrá o risco de ser substituído. Ele é um profissional que está sempre atento e vigilante, e tentará, por todos os meios, vender seu produto ou serviço.

Já quem compra não tem metas para bater, muito menos resultados para entregar. Não precisa, então, ter *urgência em comprar.* E, como não tem pressa, pode planejar, pesquisar preços, enfim, informar-se melhor sobre o que está buscando. Quando decidir, estará seguro da decisão e dificilmente fará um mau negócio, porque tem as informações necessárias sobre o que pretende adquirir.

Sempre que alguém entra em um estabelecimento comercial, independentemente do que este lhe ofereça, é abordado por um vendedor, que tentará cativá-lo. Isso ocorre porque, além de ser uma técnica de venda, faz parte de nossa cultura ser atendido pessoalmente por um profissional sempre a postos. Na verdade, o bom vendedor observa o cliente antes mesmo de ele entrar na loja. Quando ele entra, em poucos instantes, já sabe seu perfil.

Em alguns países, como nos Estados Unidos, já existem empreendimentos comerciais que descartaram a figura do vendedor, seja de pista, seja de balcão, e, em alguns casos, até mesmo a figura do caixa. São as chamadas lojas de autoatendimento, nas quais o cliente entra, escolhe a mercadoria e vai direto ao caixa eletrônico, onde ele mesmo efetua o pagamento. Nesses estabelecimentos, no máximo, pode-se verificar a presença de funcionário de apoio para tirar dúvidas, reorganizar estoques e dar informações. Nesses casos, o comprador tem liberdade e tempo para decidir o que comprar, sem sofrer nenhum tipo de pressão.

Contudo, se existe a figura do vendedor na abordagem direta com o cliente, tenha certeza: ele vai tentar impressioná-lo e convencê-lo a efetuar a compra. Para isso, vai discorrer, de forma convincente, sobre as qualidades do produto, com o intuito de justificar o preço dele e as razões pelas quais você deve comprá-lo.

Uma tática muito usual que sempre me chamou a atenção é a que ocorre quando se experimenta uma roupa e, de pronto, vem o elogio do vendedor ou da vendedora: "Ficou perfeita em você" ou "Foi feita para você". A afirmativa torna-se mais eloquente se o vendedor decide envolver a opinião de terceiros, como um colega de trabalho. É um coro que ouvimos em nossa cabeça: "Ficou perfeito."

Muitas vezes isso não é verdade, mas, afinal, quem não gosta de um elogio? Nessa hora, não se deixe levar pelo clima ou pela vaidade. Quem deve saber se ficou bom, ou não, é você, que é quem vai usar a roupa, e, por isso, a opinião mais importante é a sua.

Quando isso acontecer, pare e faça uma análise fria da situação e só então decida sobre a compra. Como já falamos, nunca tenha pressa nessa hora. Faça tudo com calma e decida com a razão. E não se sinta culpado por ter tomado o tempo do vendedor, caso não efetive o negócio. Isso faz parte do trabalho dele, e sabemos que o bom profissional de vendas é incansável. Ele tem pressa e precisa vender. Pode ter fracassado ao tentar convencer você, mas vai continuar atento e, de forma quixotesca, empenhar-se com o próximo cliente que entrar na loja.

Lembre-se: quem tem pressa de comprar costuma pagar mais caro.

11 | PROMOÇÕES ESPETACULARES NÃO EXISTEM

Existem promoções;
mas promoções espetaculares, não

Diariamente nos deparamos com anúncios de promoções tentadoras e de tirar o fôlego. São divulgados preços com descontos tão espetaculares que dá vontade de sair comprando tudo que for possível, até mesmo o que não precisamos. Mas fique atento, porque esse tipo de divulgação não é verdadeiro. E, quando isso ocorre, é porque as margens praticadas na formação de preços desses produtos foram majoradas de maneira tão elevada, que foge aos padrões normais, e isso já é motivo de sobra para fugir desse tipo de oferta.

Em todos os ramos de negócios, existem critérios a serem seguidos pelas empresas no que se refere à formação de preços e à composição de margens. Se não tiver implantada uma boa política de remarcação e rentabilidade, a empresa corre o risco de ter problemas financeiros sérios, ou até de falir.

Qualquer negócio saudável, que segue a lógica do mercado para formar seus preços, não tem margem para ofertar descontos de até 60%, 70% ou 80%, como a mídia anuncia diariamente. Isso não é verdade, é enganação! Seja esperto e não caia nessa! No entanto, se tiver dúvidas, faça o seguinte: compare os preços anunciados com os superdescontos a outros das concorrentes que não estejam em promoção. E não fique surpreso se encontrar preços iguais ou menores que os anunciados.

Quando esse tipo de oferta ocorre, ela se justifica basicamente por três motivos: primeiro, porque o comerciante remarcou os preços com margens muito altas e, mesmo com descontos vultosos, ele não amargará nenhum tipo de prejuízo. Segundo, estão vendendo com prejuízo – mas isso não pode ser verdade, afinal, ninguém joga dinheiro fora, mesmo porque essa decisão pode inviabilizar o negócio. Por último, os produtos ofertados, certamente, apresentam algum tipo de defeito, estão avariados ou são pontas de estoque. Neste último caso, o barato pode sair caro, porque nesse tipo de venda não são efetuadas trocas e, geralmente, não há garantias.

Você já viu alguma concessionária de automóvel ofertar um desconto de até 60%, 70% ou 80% na venda de um veículo, novo ou usado? E uma construtora oferecendo apartamentos com um descontão desses? Vale um milhão de reais, mas nesta semana você só paga 200 mil. Já viu? É claro que não! E, seguramente, nunca verá! Já imaginou que maravilha seria se fosse verdade? É tudo o que qualquer cliente gostaria de ver e usufruir, mas ninguém vai fazer esse tipo de oferta.

Lembre-se de que nenhum ramo de atividade, em condições normais, tem margem tão alta que possibilite conceder descontos tão espetaculares. Quando se deparar com esse tipo de promoção, fuja, porque ela não é verdadeira.

12 | ESTÁ MUITO BARATO!

Quando achar que algum produto ou serviço está muito barato, cuidado, pois você deve estar sem referência de preços

É muito comum nos depararmos com preços que julgamos estar muito baixos. Na maioria das vezes, quando isso acontece, não deixamos escapar a chance e acabamos comprando para aproveitar a oportunidade, mesmo quando não precisamos da mercadoria. Se isso ocorrer com você, talvez esteja sem referências de preços e, provavelmente, pode pagar caro, acreditando estar levando alguma vantagem. Já dissemos que ninguém vende nada muito barato, porque precisa preservar as margens de lucro de seu negócio.

Essa circunstância lembra um pouco a compra por impulso, mas são situações bem distintas. Nesse caso, a pessoa sente vontade de comprar porque o preço é tentador. Na compra por impulso, o desejo incontrolável é pelo produto e pela satisfação de possuí-lo, assim a questão do preço não é a mais relevante.

É uma compra desnecessária, que poderia ter sido evitada, não fosse a grande vontade que muitas vezes nos impele a decidir impensadamente, porque não queremos perder a oportunidade de comprar barato.

Quando o assunto for gastar dinheiro, seja, acima de tudo, um consumidor consciente, e vigilante constante de seus atos. Uma boa pergunta a se fazer nesses momentos é a seguinte: quanto tempo e trabalho eu empreendi para ganhar o que pretendo gastar nessa compra? A resposta que dará a você mesmo ajudará numa tomada de decisão mais acertada, evitando que se arrependa depois.

Avalie se o negócio que está fazendo é indispensável ou se está apenas sendo tentado pelo preço aparentemente muito baixo. Se for algum item de que está precisando e já pretendia comprar, tudo bem, vá em frente, pois pode estar conciliando necessidade e oportunidade. Caso contrário, decida manter o dinheiro aplicado. Porque essa, sem dúvida, é a melhor opção.

Pegue tudo o que comprou nos últimos três ou cinco anos, porém, não usa. Se for possível, coloque num mesmo ambiente; em seguida, cole em cada produto etiquetas com seus respectivos preços atualizados. Ao final, some tudo e veja a que número chegou, é exatamente a quantia que, em vez de ter sido gasta, poderia estar aplicada com rendimentos. Muitos gastos são desnecessários e ocorreram por modismos ou em momentos impensados. O que compramos, muitas vezes, pode ficar obsoleto ou perder a graça rapidamente, e, assim, ser relegado ao abandono.

13 | A ARTE DA PECHINCHA

Pechinchar é uma arte. A maioria das pessoas não consegue pechinchar

Eu sempre achei que pechinchar é uma habilidade e também uma ferramenta poderosa na negociação. É pena que a maioria das pessoas não pechinche, ou, quando o fazem, é de maneira muito acanhada porque sentem vergonha. Os maiores e mais eficientes *pechinchadores* que conheço são ricos. Isso pode parecer um contrassenso, porque financeiramente eles não precisam pedir descontos, mas é a mais pura verdade. Acredito que pechincham porque conhecem muito bem o valor do dinheiro e sabem quanto foi difícil e trabalhoso conquistar a riqueza. Outra particularidade que percebo nessas pessoas é que elas não são orgulhosas nem ficam constrangidas na hora de pedir descontos.

Na verdade, são as pessoas que menos precisam de descontos as que mais pedem por eles. Um dos motivos é que elas não precisam impressionar, mostrando que têm dinheiro. Já são ricas e é assim que são vistas e tratadas nos negócios e na sociedade. Já vi pessoas de pouco dinheiro sentir vergonha de pedir descontos, de pechinchar. Isso ocorre porque o orgulho constrange ou porque querem ostentar algo que na verdade não são. Algumas, para impressionar, interpretam o tipo "eu tenho, eu posso" e aí acabam pagando mais caro. O orgulho não permitiu que pedissem descontos, que pechinchassem.

Em qualquer negociação, o vendedor espera que o cliente peça um desconto e uma boa condição de pagamento. E, quando isso não acontece, para ele a venda foi muito fácil, foi moleza. Para o vendedor, essa é a venda dos sonhos porque, como não precisou dar desconto nem prazo especial para o pagamento, sua comissão será maior no fim do mês. Ele vendeu o produto pelo valor cheio, foi rápido porque o comprador sequer pechinchou e já está livre para atender seu próximo cliente.

Nunca aja dessa maneira quando o assunto for gastar dinheiro. Use todas as suas habilidades de comprador, sua eloquência, e sempre peça descontos. Pechinche o máximo que puder e, caso seja necessário, use o tempo que precisar, leve o vendedor à exaustão. Assim, você negociará de igual para igual e poderá vencê-lo pelo cansaço. Ao final, verá que fez uma boa economia e ainda terá a certeza de ter feito um bom negócio. Porque, quando fazemos um mau negócio, temos um sentimento ruim que fica remoendo em nossa mente, mas aí nada mais poderá ser feito e só resta aprender a lição e não repetir o erro.

Caso ache que não leva jeito para pechinchar ou mesmo não gosta de fazer isso porque se sente desconfortável ou mesmo incomodado, ou porque toma seu tempo, você poderá lançar mão dos serviços de um *personal pechincha*. Isso mesmo, alguém que vai pechinchar em seu lugar. Atualmente, já é comum o trabalho de assessoria por parte desse tipo de profissional. Mesmo pagando pelos serviços que ele vai realizar, o resultado costuma ser bastante compensador em termos de economia.

14 | NECESSIDADE E DESEJO

O dinheiro é um viajante constante
e só fica onde é bem tratado.

Procure distinguir bem entre aquilo de que você necessita e sem o qual não pode viver e aquilo que deseja, mas é dispensável. Por necessidade, entenda-se tudo de que você precisa para sobreviver e ter qualidade de vida, mas sem excessos. Por exemplo, não podemos viver sem comida, vestuário, medicamentos, moradia, água tratada e energia.

Já o desejo é uma pretensão, uma vontade de conquistar algo pelo simples prazer de ter, mas sem o qual podemos viver. Necessariamente, para viver, não precisamos ter um carro de luxo ou uma TV de 60 polegadas, daquelas bem fininhas. Um carro mais simples nos leva aos mesmos lugares que o carro de luxo, porém com a vantagem de ter custos bem menores, como capital investido, impostos, manutenção, e ainda deprecia menos. Quando assistimos a um programa na TV, ficamos sempre em frente a ela e nunca ao lado dela, mirando sua espessura. Portanto, alguns centímetros a menos do modelo novo não justificam o gasto somente para satisfazer um desejo. Se a que você possui atende à sua necessidade, fazer a troca é jogar dinheiro fora.

Agora que entendemos a diferença entre necessidade e desejo, fica mais fácil controlar nossos impulsos.

É inerente ao ser humano agir de maneira compulsiva quando quer se satisfazer. Ele costuma, nesses momentos, disfarçar seus desejos em necessidade. Pensamentos como "*Necessito* muito fazer uma viagem de férias, porque estou cansado" e "*Preciso* trocar meu carro", na verdade, não são necessidades, são apenas desejos. Todas essas situações e aquisições rotuladas de necessidades são totalmente dispensáveis em nossa vida, e, quando não atendidas, não nos impõem nenhum tipo de sacrifício físico, apenas os de cunho emocional.

Não estou dizendo que as pessoas não devam viajar ou adquirir objetos de luxo que desejem. Antes de tudo, viajar, além de prazeroso, é importante para nossa formação e nosso aprendizado. É quase uma necessidade, uma vez que é relevante para o aprimoramento de nossa cultura e de nosso intelecto. E adquirir algo que sonhamos no momento certo, como um carro mais confortável e bonito, também é importante para nossa autoestima e satisfação pessoal, além de, muitas vezes, ser uma realização familiar. O que não podemos nem devemos é confundir tudo e sair comprando desnecessariamente. O dinheiro gasto jamais retorna. O que traz retorno é dinheiro investido. Deixe para atender a essas necessidades quando alcançar sua independência e quando os valores gastos com elas não comprometerem seu orçamento nem sua capacidade de investir.

15 | O CLIENTE É O SENHOR DO DINHEIRO

O dinheiro não escolhe para onde vai,
mas decide com quem quer ficar

Já falamos sobre isso anteriormente, mas é importante recapitular: em uma negociação, quem estabelece as regras é a parte que detém o dinheiro. Na qualidade de comprador e dono do dinheiro, aproveite e faça o melhor negócio que puder. Sempre que negociar, vista sua capa de negociador e se afaste do estereótipo de consumidor ou cliente. Boa parte das pessoas não consegue desenvolver as competências e as habilidades que possui e que são fundamentais na negociação. São essas habilidades que o ajudarão a convencer o vendedor de que ele sim está fazendo um bom negócio aceitando as condições que você estabeleceu. No comando, você define as regras e quanto e como está disposto a pagar. Compre somente à vista e com descontos, mas isso somente é possível para aqueles que já têm recursos disponíveis. Então, ter uma reserva financeira é necessário nesses momentos, além de ser fruto do que você planejou lá atrás.

No mercado, muitos segmentos preferem realizar vendas a prazo, porque, então, podem cobrar juros. As taxas praticadas são altamente vantajosas para o estabelecimento e para o vendedor, mas muito danosas para o bolso do cliente. Sabemos que os juros cobrados nas operações a prazo são uma grande fonte de receita para o comércio e as financiadoras. Essa cobrança chega a ser tão elevada que você jamais encontrará alguma aplicação financeira com remuneração semelhante para seu dinheiro.

Por isso, não compre a prazo, para não pagar juros. Se, no entanto, negociar um parcelamento mantendo o preço à vista, tudo bem. Nesse caso, tenha muito cuidado e a certeza de que o preço não foi majorado e de que não existe nenhuma pegadinha nem juros disfarçados. Fique esperto! E, enquanto isso, mantenha seu dinheiro em uma boa aplicação financeira até o vencimento da fatura. Dessa forma, em vez de pagar juros, vai recebê-los. E, ainda, os juros deixam de ser um produto ruim para ser um produto bom. Vale lembrar que, em nenhuma hipótese, você poderá lançar mão desse dinheiro para outros fins que não seja pagar o compromisso contratado na data de vencimento.

Durante toda a minha vida, a única compra que fiz a prazo foi a do meu primeiro carro. Um Fusca usado, um sonho de consumo. Tinha 18 anos, já trabalhava e recebia salário. Lembro-me de que o valor das parcelas subiu muito por causa dos juros altos, e meu rendimento não aumentava na mesma proporção e velocidade. Consegui pagar todo o financiamento com dificuldades e prometi que nunca compraria mais nada antes de ter o dinheiro. Aquela experiência foi muito marcante em minha vida e me mostrou que os juros existem para ser recebidos, nunca pagos. Percebi, com muita clareza, que, para quem estava começando, aquele seria o caminho mais difícil e caro a ser percorrido. Comecei então a poupar e formar reservas e, felizmente, deixei de comprar a prazo. Quando, eventualmente, compro a prazo, é porque tenho a certeza de que não estou pagando juros, e ainda possuo os recursos disponíveis na data de vencimento. Desenvolvi, a partir desse episódio, uma grande aversão a pagar juros.

Hoje, em qualquer aquisição que vou fazer – a exemplo de um carro –, divido a negociação em dois momentos: no primeiro, negocio o menor preço tentando conseguir o maior desconto possível e ainda alguns benefícios, como acessórios, seguro, licenciamento; no segundo momento, pechincho a forma de pagamento, e, até aqui, sempre obtive êxito, conseguindo parcelar o pagamento, em três ou quatro vezes no cheque e sem juros, e, em algumas vezes, pagando com cartão de crédito. Enquanto isso, o dinheiro continua aplicado rendendo juros e, ainda, acumulo pontos que utilizo para viajar.

Nunca sinta vergonha de pedir desconto, pois é uma prática comum de negociação e faz bem para a saúde de seu bolso e de suas finanças.

CAPÍTULO 3

INICIANDO SEUS INVESTIMENTOS

1 | COMO VOCÊ DEFINE SEU PERFIL DE INVESTIDOR?

Investimento bom é aquele que gera lucro

Como você definiria seu perfil de investidor hoje? Considera-se um investidor de perfil conservador, moderado ou arrojado? É muito importante que tenha uma visão clara de suas competências, pois é com base nelas que conseguirá ter sucesso, ganhar dinheiro e acumular riquezas. Quando as pessoas são competentes naquilo que fazem, o risco de cometer erros é bem menor. Contudo, aventurar-se em um negócio sem o devido conhecimento pode levar a resultados desastrosos. Se algo sai errado, perdem-se tempo, dinheiro e, como consequência, motivação e ânimo. Essa situação, quando ocorre e dependendo das proporções, pode fazê-lo abandonar seus projetos. Isso acontece porque as perdas financeiras abalam as pessoas de maneira tão intensa, que, para se protegerem acabam se retraindo por insegurança e medo de errar novamente.

Você já tem o hábito de investir? Se tiver, suas aplicações são conservadoras ou mais ousadas? Você prima pela segurança e vai atrás de investimentos mais seguros, como imóveis, papéis de renda fixa com Tesouro Direto, Certificados de Depósito Bancário (CDB), Letras de Crédito Agrícola (LCA) Letras de Crédito Imobiliário (LCI), ou é daqueles que arriscam alto para tentar obter melhores ganhos e de forma mais rápida, como o mercado de ações?

Caso já invista em ações, deve conhecer bem esse mercado e saber de seu alto risco, e também que a informação privilegiada é o melhor balizador para o sucesso, para ganhar dinheiro ou, pelo menos, evitar grandes perdas. Vale lembrar que nesse mercado existem basicamente três grupos de investidores: os que estão totalmente por dentro das informações ou *insiders*, os que buscam o maior número de informações ou *outsiders* e os que estão totalmente desinformados ou *out outsiders*. São classificados de acordo com o nível de informações que têm sobre o mercado e seus possíveis movimentos.

O primeiro grupo, denominado *insiders*, é composto por pessoas que têm informações privilegiadas e ficam sabendo antes do grande público o que vai ou pode acontecer com o mercado. Esse é o grupo ideal, em que todos os investidores em ações deveriam estar. Aqui, agrupa-se uma minoria de investidores especialistas, que em grande parte das vezes se dão bem em seus investimentos.

O segundo grupo, chamado *outsiders*, é composto por pessoas que buscam informações para formar suas opiniões e montar estratégias de investimentos. São pessoas com bom nível de informação que são garimpadas diariamente. Esse grupo inclui os analistas de mercado, e já representa um número maior em relação ao grupo anterior.

O terceiro e último grupo, denominado *out outsiders*, é composto por pessoas com pouca ou nenhuma informação e que só ficam sabendo dos fatos do mercado tardiamente, depois que já aconteceram. É exatamente aqui que estão aqueles investidores que em geral se dão mal e perdem dinheiro no mercado acionário. Isso acontece porque não têm as informações que os outros dois grupos têm. Quase sempre investem com base em movimentos que já aconteceram, ou porque percebem que determinado papel está subindo muito e "está na hora de comprar". Costumam comprar na alta e vender na baixa.

A minha visão é a de que o mercado de ações é uma atividade para especialistas. Eles conseguem perceber os movimentos mais rapidamente e criar alternativas para proteger os investimentos de seus clientes antes que seja tarde. Para aqueles que não têm conhecimento nem informações sobre o assunto, investir em ações não passa de uma aposta, de um jogo e, como tal, depende muito do fator sorte para um resultado satisfatório. E, como já disse, é péssimo perder dinheiro. Se isso acontece, nossa reação é deixar o medo e a insegurança falarem mais alto, o que inibe nossas atitudes, e muitas vezes nos faz parar.

Amargar fases letárgicas nos negócios é prejudicial, porque a falta de ação pode fazer com que o projeto de acumular riquezas não aconteça nunca. Não estou, com isso, dizendo que você não deva buscar oportunidades onde estão os maiores riscos, mesmo porque eles são inerentes ao mundo dos negócios e não há como evitá-los; no máximo, minimizá-los. Uma forma de reduzir a margem de erros, com esse tipo de investimento, é estar muito bem informado ou então buscar ajuda de terceiros, no caso um especialista reconhecido pelo mercado.

2 | COMPRA DE INVESTIMENTO – FORMANDO PATRIMÔNIO

Formar patrimônio traz segurança e gera satisfação

Compras de investimento são aquelas cujos bens adquiridos vão compor o patrimônio do investidor e da sua família. É tudo aquilo que se adquire com a intenção de preservar. Ou seja, não existe a pretensão inicial de vender, salvo se surgirem oportunidades nas quais o investidor mudaria apenas de posição, trocando determinado investimento por outro melhor.

Todo investidor tem estilo próprio e preferência por determinado tipo ou modalidade de investimento. Essa predileção foi desenvolvida ao longo dos anos com as experiências vividas ou por influência de terceiros. Essa influência costuma vir da família ou da sua formação profissional.

Sabemos que a maioria das pessoas começa do nada, parte do zero. E, independentemente do ponto de partida, nessa hora, elas devem ter planejado no que pretendem investir, visando sempre a um bom negócio com potencial de valorização e/ou renda e expondo minimamente o capital investido. Como a economia é muito dinâmica, às vezes se torna difícil escolher qual é o melhor e mais seguro investimento. O que é bom hoje pode não ser amanhã, porque os investimentos se destacam por margem de segurança, potencial de valorização e taxa de retorno esperada.

Fazendo uma leitura do histórico do mercado imobiliário em nosso país, sempre o vi como um bom negócio porque, além de valorizar, é seguro e ainda pode gerar renda. Se o imóvel for urbano, gera aluguel; se rural, produção e também aluguel. É evidente que, assim como qualquer outro tipo de investimento, este também tem seus momentos bons e ruins; mas, em longo prazo, o desempenho compensa, conforme mostram os registros históricos. É bastante comum ouvir que imóvel não tem boa liquidez ou que tem liquidez baixa. Quando invisto em imóvel, é com a intenção de formar patrimônio e gerar renda, e não como uma mercadoria a ser comercializada no cotidiano. Sempre penso no longo prazo – dez, vinte anos ou para a vida toda.

A maioria das pessoas ricas que conheço investe em imóveis, e grande parte de seu patrimônio é composta por esse tipo de investimento. É comum ver grandes empresas serem vendidas, mas geralmente os imóveis onde estão instaladas não entram na negociação. Nesse caso, quem vendeu o negócio continua com as rendas dos aluguéis e mantém o patrimônio.

Pelo histórico do mercado imobiliário brasileiro, se nada espetacularmente ruim acontecer, é pouco provável que investir em imóvel seja um mau negócio. Seja urbano, seja rural, no médio ou no longo prazo, ele vai se valorizar. Para isso, é necessário identificar as regiões com maior potencial de valorização. E, caso adquira propriedades próximas aos centros urbanos, corre-se o risco de comprar em alqueires ou hectares e vender em metros com grande lucro.

Em relação ao imóvel rural, como temos uma enorme extensão geográfica, são muitas as oportunidades. Nosso país tem boa quantidade de terras férteis, em regiões de climas propícios, com volumes pluviométricos e topografia favorável.

Nas propriedades rurais, é possível, por exemplo, investir na criação de gado (cria, recria e engorda); na produção de grãos (soja, trigo, café, milho, algodão, cana); em hotel/turismo ecológico ou, ainda, no cultivo de um vinhedo para produção de vinhos. Essas são apenas algumas oportunidades, entre inúmeras outras, que podem ser desenvolvidas no campo.

3 | INVESTIMENTO BOM É AQUELE QUE GERA RECEITA

Faça do ato de investir um hábito

Sempre que fazemos algum tipo de investimento é porque estamos buscando proteger o capital e a consolidação financeira. Uma das formas de isso acontecer é por meio da formação de patrimônio, que é sinônimo de riqueza, principalmente quando ele gera receitas e produz lucros. Por isso, é fundamental que, ao decidir fazer um investimento, você procure, antes de tudo, identificar as melhores oportunidades para que os valores investidos cresçam e ainda gerem alguma receita.

De forma bem didática e direta sabemos que investimento bom é aquele que gera lucro. Um imóvel de aluguel ou uma aplicação financeira, por exemplo, vão gerar receita. No caso do imóvel, basta que ele esteja locado para ter a receita do aluguel. O mesmo não ocorre com a casa de campo ou de praia, que só serão usadas por você e sua família nos períodos de férias, feriados ou fins de semana, mas produzirão despesas o ano todo. Ela também pode ser alugada, mas vale lembrar que em geral a procura por esse tipo de imóvel é por períodos curtos, e que costumam coincidir com os mesmos em que você gostaria de ocupá-lo, e as receitas com aluguel não cobrem as despesas. Mesmo assim têm sua relevância como investimento, pois o capital aplicado, a qualquer momento, poderá ser transferido para outro negócio melhor, e começar a gerar receita.

Quando tiver conquistado a independência financeira, tudo bem ter uma casa na praia ou no campo. A essa altura, as despesas não mais comprometerão seu orçamento ou reduzirão sua capacidade de investimentos. Você deve, sim, usufruir a recompensa de seus esforços. Lembre-se: tudo a seu tempo.

Outra oportunidade de investimento é abrir um negócio próprio que seja promissor ou adquirir parte de uma empresa que já exista, e venha apresentando bons resultados. Nesses casos, antes de qualquer decisão deve conhecer sua taxa de retorno, ou seja, em quanto tempo terá de volta o capital investido. Essas informações são primordiais para sua tomada de decisão, e, caso não tenha condições de obtê-las sozinho, contrate uma consultoria especializada para, somente depois, tomar a decisão.

Aplicar seu dinheiro em fundos de investimentos ou renda fixa em períodos de juros altos como os atuais é uma boa opção, porque, além de ter seu capital protegido dos efeitos inflacionários, você pode obter ganhos reais. Essas aplicações são seguras e têm garantias sobre o valor investido até determinado limite, no caso de a instituição financeira ter problemas e até quebrar. Essa proteção vem do Fundo Garantidor de Crédito (FGC), e hoje é de 250 mil reais por Cadastro de Pessoa Física (CPF). Ou seja, você pode ter várias aplicações desde que sejam em instituições financeiras diferentes, e todas elas com garantias até o valor mencionado.

Saiba, porém, que a garantia não existe quando o investimento for feito por meio dos fundos de investimentos financeiros, que são entidades constituídas, sob a forma de condomínios abertos e cujos recursos são investidos de forma conjunta, e não de maneira individual e por CPF. Nessa modalidade de aplicação não existem garantias.

4 | QUAL É O MELHOR MOMENTO PARA COMEÇAR A INVESTIR?

Faça de seus filhos seus sucessores, nunca herdeiros

Comece a investir o mais cedo que puder, porque a formação de um patrimônio que lhe possibilite alcançar a independência financeira é demorada. Às vezes, leva a vida toda e sabemos que apenas uma minoria consegue chegar lá. Você poderá ser um deles, e essa decisão só depende de sua vontade. Inicie investindo pequenos valores, que podem ser uma parte de sua mesada, de seu salário, de um aluguel ou de qualquer outra fonte de renda que tenha ou venha a ter. O importante é que comece o mais cedo possível.

No início, mais importante do que o valor poupado é o hábito e a educação financeira que você adquire; é a cultura que assimila e que o guiará por toda a sua vida. Quando começamos a economizar e essas economias vão para algum investimento que passa a render, isso traz satisfação e uma vontade enorme de continuar investindo. Com o tempo, poupar e investir passarão a fazer parte de sua vida, agindo em seu cérebro como um vício, que você nunca mais terá vontade de largar. É um tipo de vício que só fará bem a você e a sua saúde financeira.

O passo seguinte é acumular quantias maiores para conseguir fazer investimentos mais volumosos que lhe proporcionarão maiores ganhos. Quando você tem mais para investir, sua capacidade de negociação se torna maior e você consegue remunerações maiores. Outra opção pode ser a aquisição de um bem que se torne uma nova fonte de renda e, com isso, essa nova receita aumentará seu volume de investimento.

A cada vez que usar suas economias na compra de um bem que comporá seu patrimônio, comece imediatamente a fazer uma nova economia para continuar investindo, seja adquirindo outro bem, seja deixando o dinheiro em uma boa aplicação financeira. Como já disse, economizar e aplicar se transformarão em um hábito do qual você nunca mais vai querer abrir mão.

Se tiver filhos, comece desde cedo a despertar neles o interesse de poupar. Assim que a criança tiver noção do que é e para que serve o dinheiro, é hora de começar a economizar. Você deve incentivá-la a guardar qualquer valor, por menor que seja. Se ela terá retorno, grande ou pequeno, é o que menos importa nesse momento. O que vale aqui é ensinar as noções básicas de educação financeira que certamente vão ajudá-la durante toda a vida.

Na cultura de nosso país, muitas famílias, assim que os filhos nascem, abrem contas bancárias nas quais serão depositados valores mensais, com o objetivo de ajudar futuramente no custeio de seus estudos até concluir a universidade. Essa é uma forma de proteção instintiva dos pais, a fim de garantir que os filhos tenham recursos financeiros para bancar seus estudos e suprir outras necessidades.

Há uma boa maneira de despertar nos mais jovens a vocação de poupador. Assim que seu filho começar a ter qualquer tipo de renda, proponha-lhe um desafio: você, como pai, concordará em entrar com uma contrapartida de igual valor para cada real por ele economizado, e que todo o montante será depositado em nome dele. Essa medida é um excelente exercício para a educação financeira dele e ainda vai despertar sua vocação de poupador. Estabeleça, também, algumas condições para que o dinheiro poupado não seja gasto de maneira aleatória, de modo que seja usado somente para bancar uma universidade ou um curso extracurricular, uma viagem de férias, a troca de carro ou para cobrir alguma despesa não prevista no orçamento familiar.

Uma das grandes alegrias dos pais é ver que os filhos se tornaram sucessores tão bem preparados quanto eles ou, o que é ainda melhor, conseguiram superá-los. O bom histórico da sucessão familiar é aquele no qual o patrimônio construído se perpetua por várias gerações. E, nesses momentos, temos a certeza de que todo o esforço empreendido no trabalho e na formação dos filhos valeu muito a pena.

5 | IDENTIFIQUE AS BOAS OPORTUNIDADES

É nos momentos de crise na economia que surgem boas oportunidades de negócios

Antes de começar a investir, tome os cuidados necessários para não ter prejuízos, mas, caso ocorram, que sejam os menores possíveis. Tenha em mente que todas as pessoas que lidam com negócios, em algum momento, perderam ou vão perder dinheiro. Quanto maior o volume operado, maior será também a exposição ao risco de perda, se algo não sair conforme o planejado.

O interessante é que aqueles que perdem mais nem sempre são os que sofrem maior impacto emocional. Isso porque eles fazem parte do grupo que já conquistou riqueza e conhecem os caminhos para tentar recuperar eventuais perdas. Observe os casos de pessoas muito ricas que perderam suas fortunas ou parte delas. Elas não chegaram a ficar totalmente pobres, apenas ficaram menos ricas. E esse novo status, em geral, não será por muito tempo, porque logo conseguirão ganhar mais dinheiro e aumentar novamente seus patrimônios.

Já a pessoa com menos dinheiro, quando sofre prejuízos financeiros, deixa-se abalar emocionalmente a tal ponto que cega sua capacidade de recuperar aquilo que perdeu. Em muitos casos, acontece de ela nunca mais conseguir reverter as perdas, tamanho o abalo sofrido e a pouca experiência para lidar com situações dessa natureza.

No mundo dos negócios, ninguém ganha sempre. Por isso, procure conhecer bem suas opções de investimento para reduzir os riscos. Crie mecanismos para proteger seu capital, mantendo-se bem informado sobre o que negocia e no que aplica. Converse com pessoas que já conquistaram o sucesso e, quando necessário, peça ajuda a um especialista.

Lembra-se de quando, no começo do livro, falamos sobre a importância do planejamento? Pois bem, aqui não é diferente e, mais do que nunca, é necessário tê-lo, em decorrência do cenário econômico que estamos vivendo no país. Por isso, planeje bem seus investimentos, procure identificar as boas oportunidades de negócio e concentre-se para reduzir os riscos.

No momento em que escrevo este livro, em 2016, nossa economia passa por sérias dificuldades. Estamos com uma taxa de inflação rondando os 6,5%, quando o centro da meta é de 4,5%; o Produto Interno Bruto (PIB) deve encolher algo em torno de 3,5%; o desemprego está na casa dos 12%, com mais de 12 milhões de pessoas sem emprego e a expectativa é de que esse número aumente. Hoje, mais de 60% das famílias estão endividadas, e a taxa de inadimplência dessas famílias está acima de 23%; os juros bancários, como já disse, vão de 140% ao ano, para os empréstimos pessoais, a 440% ao ano, no rotativo do cartão de crédito.

O cenário, para os próximos dois ou três anos não deve ser muito diferente do atual. A mão de obra dos 12 milhões de desempregados levará alguns anos para ser novamente ocupada. A velocidade empregada na contratação é inversamente proporcional à da demissão. Daí, mais do que nunca, a necessidade de ter o planejamento financeiro sob absoluto controle para conseguir atravessar esse período que certamente será de muitas turbulências, dificuldades e riscos.

Como se não bastassem todos os problemas na economia, há também uma crise política entre os poderes constituídos, o que cria um cenário nada animador. Contudo, como já comentei, é nesses momentos que costumam surgir as boas oportunidades de negócio. Por isso, fique atento e, quando puder, tire proveito delas!

6 | VOCÊ INVESTE SOZINHO OU PRECISA DA AJUDA DE TERCEIROS?

O investidor experiente identifica mais facilmente as melhores oportunidades

Se você é uma dessas pessoas que costuma investir sozinha porque já tem conhecimento suficiente e se sente segura no que faz, siga em frente e boa sorte! A base para o sucesso nos negócios é proporcional ao conhecimento que a pessoa tem daquilo que faz, das suas habilidades e suas competências.

Se ainda não tem segurança sobre seus investimentos e precisa de alguma orientação, sugiro que procure um especialista da área e nunca um gerente de banco, como ainda faz a maioria das pessoas. Ele não é o profissional certo para orientá-lo sobre investimentos, porque seu interesse maior é vender os produtos mais rentáveis da instituição para a qual trabalha. Seu desempenho é medido, também, sobre esses resultados. Ele certamente não lhe oferecerá a melhor opção, aquela que você procura: a mais rentável.

Caso decida procurar um especialista em investimentos, busque um que já tenha sido testado e reconhecido pelo mercado. No primeiro contato, converse bastante e tire todas as suas dúvidas. Ao final, solicite que ele lhe forneça nomes e telefones de clientes que mantém em sua carteira e com os quais você poderá pegar outras informações. Procure essas pessoas e ouça a opinião e o grau de satisfação que têm em relação a esse profissional; e mais, se estão satisfeitas com as taxas de retorno obtidas com seus investimentos.

Lembre-se: até os melhores especialistas erram. Eles erram porque o mercado é muito dinâmico e o cenário muda rapidamente. No entanto, por serem profissionais com larga experiência e alto grau de informação, seus índices de assertividade se tornam maiores do que o de seus erros.

Investir exige conhecimento e habilidade para que perdas sejam amenizadas e, preferencialmente, evitadas. Opte, num primeiro momento, por arriscar menos buscando ativos mais seguros e, enquanto isso, ganhe experiência para enfrentar as turbulências que seguramente virão. Nas situações de risco, sempre inicie suas aplicações com valores baixos, porque, caso sofra alguma perda, esta será mais bem suportada, e causará menos impacto.

E, creia, vai chegar o momento em que você terá conhecimento e confiança para fazer sozinho seus investimentos, conseguindo proteger e ainda aumentar o capital investido. Quando isso acontecer, você se encherá de orgulho pelo resultado, fruto de um planejamento desenhado e colocado em prática há alguns anos.

Os investimentos são classificados em dois grupos: renda fixa e renda variável.

No grupo de investimentos de renda fixa estão, entre outros, o Tesouro Direto (títulos públicos federais), LCI (Letras de Crédito Imobiliário), LCA (Letras de Crédito Agrícola) – LCIs e LCAs são, ainda, isentas de Imposto de Renda –, debêntures (título de dívida corporativa) e CDB (Certificado de Depósito Bancário). Todos eles são considerados investimentos de baixo risco. Procure manter a maior parte de seus investimentos (90%) nesse grupo.

Na renda variável estão os papéis de alto risco, como as ações (que são partes de uma ou mais empresas), ETFs (fundos de índice da bolsa) e Fundo de Investimento Imobiliário (FII) (compra de parte de imóveis), entre outros. Caso se sinta preparado para esse tipo de desafio, use uma parcela menor de seus investimentos nesse grupo – não mais que 10%. Ainda assim, tratando-se de ações, procure identificar empresas com bom histórico de resultados e que sejam sólidas e boas pagadoras de dividendos.

7 | INVESTIR É PARA A VIDA TODA

Economizar e investir devem ser uma constante em sua vida

Quando alguém inicia seus investimentos, está pensando em formar patrimônio que traga garantias futuras para si e sua família, além de aumentar seu capital. Nesse caso, o investimento deve ser pensado e trabalhado no longo prazo. Como já disse, pense em colher resultados em dez, vinte, trinta anos ou mais.

A maioria das pessoas chega à velhice sem nenhuma segurança financeira. Elas trabalham a vida toda, mas não foi o suficiente para economizar e formar um patrimônio que garanta sua tranquilidade no momento em que mais possam precisar. Nessa hora, percebem que o tempo passou e, junto com ele, as oportunidades. Possivelmente, pouco poderá ser feito, porque já lhes faltam disposição, tempo e força física para começar ou recomeçar um projeto de ganho financeiro.

Não quero dizer que pessoas mais velhas não consigam ganhar dinheiro e ficar ricas, mas sabemos que as chances delas, em comparação com quem começou a investir ainda jovem, são infinitamente menores. Por isso, invista quanto antes na formação de seu patrimônio. Assim, os anos estarão a seu favor e, caso sofra prejuízos durante a jornada, terá tempo e disposição para recuperá-los.

Em relação aos filhos, lembre-se: desperte neles, desde os primeiros anos de vida, o significado de poupar e o interesse por investimentos. Cuide pessoalmente da educação financeira deles para que não sejam mais um no quadro das estatísticas consumistas. É uma pena que nossas escolas, exceto uma pequena minoria e de forma incipiente, ainda não tenham na grade curricular uma disciplina voltada para esse assunto. Por isso, seja o mestre e o guru de seus filhos. Mostre a eles a importância de ser independentes financeiramente quando forem adultos. Eles lhe serão sempre gratos pelos ensinamentos recebidos!

A maior parcela da população não tem o hábito de poupar porque precisa suprir suas necessidades básicas e o orçamento vive no limite. Contudo, poupar é fruto de educação e disciplina financeira, por isso, depende somente da decisão pessoal de cada um de começar. Inicie com qualquer valor, o importante é dar o primeiro passo.

Economizar e investir são ações que, quando adotadas, trazem, além dos ganhos financeiros, autoestima e a materialização de muitos sonhos. Existem aplicações no mercado financeiro que aceitam quantias pequenas, a exemplo do Tesouro Direto, em que se aplica a partir de 30 reais. Na medida em que tiver mais recursos, aumente o valor das aplicações. O importante é começar e não parar nunca mais!

Lembre-se: investir é para a vida toda.

CAPÍTULO 4

INVESTIR E VIVER SIMULTANEAMENTE

1 | VIVA ENQUANTO INVESTE

Procure sempre equilibrar qualidade de vida e trabalho

Quando você estiver praticando o modelo de orçamento 3, já terá alguma tranquilidade porque conseguirá investir parte de sua renda. Todavia, a situação ainda merece atenção e cuidado. A verdadeira segurança só vem mesmo com a prática do modelo de número 4, quando sua capacidade de investimento não mais será comprometida pelas despesas. Praticando esse modelo de orçamento, você não trabalhará mais sozinho. O dinheiro estará trabalhando por você. Como consequência, poderá usufruir de parte de suas conquistas. Veja bem a expressão: *usufruir de parte*, porque, caso contrário, sua capacidade de investimento pode ser comprometida.

Enquanto investe e colhe os frutos dessa prática, procure melhorar, sempre que puder, de maneira gradual e comedida, sua qualidade de vida e a de sua família. Contudo, continue agindo com ponderação e evite desperdícios e satisfação de caprichos. Caso se deixe levar por esses sentimentos, correrá o risco de destruir aquilo que construiu à custa de muita luta e suor.

Sabemos que a vida sem prazer não tem graça. Até existem prazeres que não dependem de recursos financeiros, mas não é o caso da maioria deles. Ainda assim, tenha em mente que a vida passa muito rápido e, por isso, deve ser aproveitada com o que traz alegria e prazer. Sempre que puder, faça uma boa viagem de férias, existem muitos lugares interessantes e bonitos para conhecer; acompanhe de perto o crescimento de seus filhos; ensine e também aprenda com eles; reúna-se com os amigos para uma boa conversa e troca de experiências; veja bons espetáculos, que são uma imersão na cultura; aprecie um bom vinho; faça leituras de qualidade, porque elas aumentam nossos conhecimentos e ampliam nossos horizontes. Enfim, procure essas ou outras atividades com as quais sinta prazer. O importante é que você se movimente de alguma forma e não deixe sua vida passar em branco. Você deve trabalhar, mas também aproveitar e ser feliz!

Conheci algumas pessoas, e olha que não foram poucas, que sacrificaram a vida porque lutavam contra a ideia de usar parte de suas economias para viver bem. Em compensação, morreram bem ricas. Elas ficavam apavoradas diante da possibilidade de que o dinheiro que gastariam para viver lhes fizesse falta. Essa é uma hipótese, é claro, mas as coisas não devem ser vistas nem tratadas dessa maneira, nem com tanto radicalismo. Quando o assunto é o bem-estar e envolve gastos, basta que as atitudes sejam tomadas com equilíbrio e uma boa dose de educação financeira, para que nada saia errado.

2 | NÃO MORRA DE TRABALHAR

Não importa o que faça,
só não seja escravo de seu trabalho

Dizem que trabalhar não mata ninguém; isso é um fato do qual todos nós sabemos. As pessoas conhecem bem os próprios limites. Sabem do que são capazes e até onde conseguem e podem ir. O que pode acontecer é a fatalidade de alguém sofrer um acidente de trabalho, caso esteja em situação de risco e fora dos padrões de segurança. Isso, porém, seria uma exceção. E, mesmo numa situação dessas, a pessoa não morreria porque trabalhou demais, mas, sim, em decorrência das condições em que executava suas atividades.

Como o trabalho não mata ninguém, procure trabalhar o máximo que puder, procurando sempre fazer aquilo de que gosta e com prazer. Use o seu tempo de maneira inteligente e eficaz e você será altamente produtivo e feliz. Seja um empreendedor em todas as suas atividades diárias, em tudo o que fizer.

Chega um momento em nossa vida em que atingimos a maturidade e, com ela, o equilíbrio emocional e a capacidade intelectual, que é a combinação perfeita de fatores que nos tornam pessoas altamente produtivas e mais seguras. Trabalhe o máximo que puder enquanto tiver como aliadas a juventude e a plena capacidade intelectual para que, ao envelhecer, possa reduzir o ritmo e ganhar mais qualidade de vida.

Procure ter uma atividade rentável, mas prazerosa para você, pois somente assim terá motivação para realizá-la bem e seguir adiante. Sabemos que todo trabalho desempenhado sem alegria e prazer costuma ter resultados insatisfatórios, além de trazer infelicidade e sofrimento para quem o realiza. Quando isso acontece, ao final do dia, a pessoa está exausta e não produziu tudo aquilo de que é capaz. E, nesses momentos, bate uma decepção por não estar fazendo o que gostaria.

Conheci pessoas que se tornaram escravas do trabalho e dos negócios de maneira tão intensa, que a vida passou sem que elas percebessem. Ou, quando perceberam, já estavam idosas demais para aproveitar o que ainda lhes restava. Nessas horas, nada mais poderá ser feito, a não ser lamentar.

Sabemos que trabalho não é diversão, mas também não precisa ser massacrante. Ele jamais deve trazer sofrimentos, independentemente da atividade que você exerça, seja como empregado, seja como empregador.

3 | VIVA BEM SEM GASTAR MUITO

Procure viver bem sem comprometer seu patrimônio

Evite excessos e supérfluos, use seu dinheiro com sabedoria e de maneira inteligente, porque nem sempre gastar grandes somas é garantia de viver bem. Comprar muito pode até dar prazer e satisfazer desejos, mas a alegria pode durar pouco. Por exemplo, encher os armários de roupas caras, mas que ficam ultrapassadas a cada estação, não é uma decisão sábia. Geralmente, fazemos isso para satisfazer nossos desejos superficiais e momentâneos. Isso não é inteligente, pois, com essa atitude, jogamos dinheiro fora e ainda corremos o risco de ficar desatualizados em relação às tendências da moda, que mudam rapidamente.

Outro exemplo frequente: ter dois ou mais carros, um para usar na cidade e outro no campo, é um gasto desnecessário, por vários motivos: cada veículo representa uma gama de despesas que você conhece bem e das quais já falamos. Pior do que as despesas para mantê-los é o montante investido em suas aquisições e as perdas que eles sofrerão com as depreciações.

No caso específico do automóvel novo, a depreciação é tanta que você já perde parte do que pagou antes de sair da concessionária. Basta faturar em seu nome e o valor despenca! Uma voltinha na máquina nova, então, e pode contabilizar mais perda, porque deixa de ser zero e passa a ser usado. Nesses casos, a depreciação pode chegar a 10%, 15% ou mais, dependendo de marca, modelo e valor do veículo. Portanto, a melhor saída é ter um único carro com características que o atendam em todas suas necessidades e em sua rotina.

Quando decidimos fazer uma viagem de férias, faz parte do planejamento escolher data, duração e para onde pretendemos ir. Se o trajeto for realizado de avião, decidimos, então, por qual companhia voar, escolhemos o hotel etc. Na hora de adquirir o bilhete aéreo, o melhor é optar por uma passagem da classe econômica, deixando de lado a executiva e a primeira classe, ainda que você tenha dinheiro para custeá-las. O que devemos pensar, nessas circunstâncias, é que o objetivo da viagem é chegar ao destino, e isso vai acontecer de qualquer forma, independentemente da classe de voo escolhida. Na classe econômica, você chegará à mesma hora e do mesmo jeito que a pessoa que optou pelas superiores. Certamente um pouco mais cansado, se a viagem for longa, mas vai chegar.

Também o hotel não precisa ser cinco estrelas, porque é o lugar onde menos permanecemos durante uma viagem. Hoje, existem redes de hotéis internacionais que acomodam muito bem e com economia. Tudo o que conseguir economizar, e não será pouco, poderá gastar em outras atividades durante a viagem, como ir a um bom restaurante, assistir a mais espetáculos, além daqueles já programados, ou fazer uma compra a mais. Ou então, se preferir, guarde essas economias para usar nas próximas férias.

São decisões tomadas para reduzir as despesas que não tiram o brilho da viagem. Já vivenciei as duas situações e posso garantir que em ambas aproveitei da mesma maneira porque consegui atender a minhas necessidades sem precisar gastar mais para satisfazer meus desejos.

Seja econômico em tudo o que fizer, mas não seja “miserável”. Esse tipo de atitude geralmente só serve para trazer sofrimento para si e para sua família. Viva bem, economizando com bom senso!

4 | VIAJE SEMPRE QUE PUDER

Viajar não é comparável com coisas materiais porque essa experiência não envelhece e ainda traz felicidade

Viajar deixa as pessoas mais felizes. Conhecer lugares e culturas diferentes ajuda em nosso engrandecimento pessoal, porque proporciona compreensão mais ampla do mundo. As viagens podem acontecer dentro e fora do país, o importante é se movimentar. Até entendo que uma viagem internacional costuma ser mais interessante, por causa das diferenças culturais, históricas e geográficas. Entretanto, tenha em mente que não é isso que tornará sua viagem inesquecível. Boas lembranças não estão atreladas, necessariamente, a roteiro, local ou hospedagem. Estão mais ligadas a nosso estado de espírito, ao fato de estarmos de bem com a vida, em boa companhia e dispostos a aproveitar.

Inúmeras pesquisas apontam que, para a maioria das pessoas, viajar traz mais felicidade do que comprar. Quando compramos um bem material, a satisfação é intensa no momento da aquisição, mas tende a passar e, em alguns casos, a ser esquecida. Já as experiências e as lembranças de uma viagem ficam para sempre em nossas memórias e nos registros por onde passamos.

Acho tão importante viajar que coloco essa atividade na lista das prioridades em minha vida. Quando viajamos, temos a oportunidade de melhorar nosso conhecimento sobre as pessoas e sobre o mundo. É natural a sensação de prazer e felicidade. Das viagens podem, ainda, surgir novas oportunidades de negócios que ainda não conhecíamos, pela multidiversidade das culturas e dos mercados.

Viaje sempre que puder para os lugares mais variados e interessantes que encontrar. Desconectar-se das rotinas e das mesmices é saudável para nossa mente. Lembro-me da minha adolescência e das leituras dos livros de histórias que descreviam outros povos, seus costumes e sua cultura. Sentia um encantamento ao vislumbrar as muitas diferenças culturais em relação a nosso país e percebia quanto estávamos distantes. Para mim, naquela ocasião, só seria possível alcançar aqueles lugares no imaginário. Contudo, quando cresci e tive a oportunidade de viajar para os lugares narrados nos livros, foi muito gratificante. É a realização de um sonho.

Não importa se a viagem é de férias ou a trabalho, porque, em qualquer situação, quem viaja adquire conhecimentos. Viajar traz felicidade, e as pessoas, quando estão felizes, sentem que a vida fica melhor e os negócios também.

5 | CULTIVE AS BOAS AMIZADES

"Os verdadeiros amigos são aqueles que ajudam a dividir os sofrimentos e a multiplicar as alegrias"

Quando as pessoas se dão bem nos negócios e na vida familiar, tudo tende a ir bem também. Isso acontece porque uma coisa boa puxa outra e, juntas, atraem prosperidade e felicidade. Por isso, é importante que você pense e aja sempre positivamente, e mantenha o equilíbrio e a sensatez em suas atitudes e suas decisões. Dessa maneira, passamos confiança e segurança àqueles com quem nos relacionamos, além de nos tornarmos pessoas mais simpáticas e agradáveis.

Tenha bons amigos e no maior número possível. "Colecione amigos", mas nunca perca tempo com pessoas que carregam sentimentos negativos e ruins, que prejudicam a si e aos outros. Procure conhecer pessoas que já conquistaram o sucesso e ser amigo delas; elas trazem consigo as experiências que, seguramente, poderão ajudá-lo. No entanto, para que compartilhem essas informações com você, é necessário, primeiro, conquistá-las. Confiança só é verdadeiramente conquistada quando temos valores morais sólidos e nos comportamos de maneira respeitosa, com cortesia, seriedade, solidariedade e honestidade.

Nas corporações, quando os superiores hierárquicos são profissionais muito competentes, eles disseminam conhecimentos e exemplos tão valiosos e raros que é difícil encontrar material semelhante nas melhores leituras. Se você conhece ou convive com pessoas assim, valorize o máximo essa convivência e aproveite para aumentar seus conhecimentos e crescer profissionalmente.

Essas pessoas já percorreram um longo caminho e se fizeram profissionais respeitados, porque seus índices de assertividade são bem maiores do que os erros. São sábias e dotadas de boa dose de autocrítica para reconhecer e corrigir suas falhas, e eficientes o bastante para fazer os ajustes necessários e dar continuidade a seus projetos. Por serem pessoas experientes e vitoriosas, como já disse, têm muitas histórias interessantes para contar e excelentes ensinamentos para compartilhar.

Existem muitas frases que foram escritas para definir uma boa amizade. Particularmente gosto da que transcrevi no início deste tópico: os verdadeiros amigos são aqueles que nos ajudam a dividir os sofrimentos, nos momentos ruins, e a multiplicar as alegrias, nos momentos bons.

CAPÍTULO 5

INDEPENDÊNCIA FINANCEIRA

1 | VOCÊ CHEGOU LÁ – DEIXE O DINHEIRO TRABALHAR PARA VOCÊ

Ser independente financeiramente é viver dos frutos de seus investimentos

Se você chegou até aqui é porque assimilou o aprendizado e o colocou em prática. Nesse momento da vida, já terá conquistado um montante que garantirá tranquilidade a você e à sua família. Estará em uma situação financeira segura e confortável. Com essas conquistas, não precisará mais manter um ritmo de trabalho tão acelerado como no começo de sua vida profissional. Terá mais tempo para desfrutar do que gosta, mas não podia fazê-lo em função das demandas e dos compromissos, que eram muitos. O mundo dos negócios absorve nosso tempo de tal forma que às vezes chega a ser cruel, e em muitos casos nos tira a oportunidade de fazer coisas simples que gostaríamos, mas não foi possível. Quando, porém, nos tornamos independentes financeiramente, temos de volta parte do nosso tempo roubado. Só então podemos fazer o que não tivemos a oportunidade, porque estávamos sempre muito ocupados.

Com essa conquista, diminuem as preocupações com as necessidades materiais, e as noites de insônia tornam-se mais raras. Tudo isso foi possível porque você conquistou a independência e a liberdade financeira. O que era apenas um projeto e desejo, há anos, agora se tornou realidade, fruto do seu trabalho e da sua dedicação.

Para ser independente financeiramente, não existem regras que definam quanto se deve ganhar e acumular. As necessidades serão maiores ou menores, dependendo do estilo de vida de cada um. Alguns podem ser independentes com uma renda de 5 mil reais por mês; outros já precisam de valores mais elevados, como 20 mil reais, 50 mil reais, 100 mil reais e até mais. Quem vai dizer onde começará sua independência financeira é você, tendo por base o atendimento de suas necessidades e de sua família, com saúde, moradia, alimentação, educação, transporte, lazer e tudo o que considera importante e necessário para sua vida.

Mais importante do que o valor de que você necessita para suprir suas despesas é lembrar que ele deve ser fruto da renda gerada pelo seu patrimônio. Em nenhuma circunstância poderá lançar mão de reservas para cobrir as despesas. E, para isso, é necessário que o patrimônio que construiu seja capaz de gerar receitas suficientes para cobrir todas as suas despesas, inclusive as extraordinárias, e ainda ter sobras para continuar investindo.

Ao volume conquistado, devem-se aliar a educação financeira e o bom trato com o dinheiro. Crianças que aprendem a administrar desde cedo sua mesada e entendem o real significado do dinheiro terão mais chances de ter sucesso financeiro ao se tornar adultas. Procure gerir bem suas finanças de modo que elas aumentem sempre, e nunca diminuam.

Use o dinheiro com sabedoria para ser livre. Não mude sua vida nem as coisas que gosta de fazer. Não abra mão da simplicidade e da rotina saudável. Participe o máximo que puder da vida de seus filhos, leve-os à escola, vá com eles ao clube, ao parque, ao cinema, ao teatro e a todos os lugares que puder.

Já conheci muita gente que, ao enriquecer, afastou-se dos amigos e até da família. Não deixe isso acontecer com você. Essa atitude demonstra despreparo para lidar com a situação, além de insegurança e imaturidade. Viva bem e de maneira simples!

2 | VIVA DOS LUCROS

Utilize para cobrir suas despesas somente os rendimentos dos rendimentos

Agora que conseguiu consolidar seu patrimônio, e os rendimentos gerados por ele são suficientes para lhe assegurar uma vida tranquila e confortável, não deixe de manter o espírito empreendedor que o trouxe até aqui, e continue investindo. Lembre-se: investir é para a vida toda.

Caso seus investimentos estejam em aplicações financeiras, por exemplo, não gaste todos os rendimentos obtidos, porque a maior parte deles tem a finalidade de corrigir o capital investido, preservando seu valor original e sua capacidade de compra.

Do montante recebido, e deduzida a parte a ser reinvestida, utilize o excedente para suas despesas. Caso ainda haja sobras, inicie uma nova aplicação, e comece a receber *juros dos juros*. Este é, sem dúvida, o momento mágico para todo investidor, é quando o investimento atinge seu ponto máximo em relação às taxas de retorno esperadas. São juros rendendo outros juros.

No caso dos rendimentos com aluguéis imobiliários, os cuidados são os mesmos. Deve ser retida e economizada parte dos valores recebidos. Essa economia servirá para realizar eventuais reparos nos imóveis, pagar impostos, taxas públicas e de condomínios e ainda suprir as perdas de caixa que podem ocorrer nos períodos em que estiverem desocupados.

Agora você é um rentista. É quando não se precisa mais trabalhar pelo dinheiro, porque, a partir desse momento, já tem renda suficiente para viver, e o dinheiro trabalhará por você. Com isso, terá mais tempo livre para viver e, ainda, prospectar novos negócios.

Eu construí uma carteira de imóveis durante minha vida e hoje usufruo da renda dos aluguéis. Retenho todos os meses 10% do rendimento da carteira e mantenho esse valor em uma aplicação específica para cobrir as despesas com manutenção, reparos e melhorias dos próprios imóveis. Quando realizo alguma melhoria neles, estou abrindo uma possibilidade para ajustar o valor do aluguel e, consequentemente, aumentar minha renda. Eventuais sobras dessa conta vão formar uma reserva extra que poderá ser utilizada em um novo investimento.

A decisão na escolha dos melhores produtos para montar uma carteira de investimentos e formar patrimônio está diretamente ligada às preferências e às oportunidades críveis de cada investidor e ao volume de recursos financeiros disponíveis.

Vivemos em um país em que o agronegócio é bastante representativo na economia. Muitos optam por investir nesse setor, seja no ramo da pecuária, seja no da agricultura, seja em ambos. Vale lembrar que, nos últimos anos, esse segmento respondeu por mais de 22% do nosso Produto Interno Bruto (PIB). Para ter uma ideia de sua importância, em 2015, enquanto nossa economia encolheu mais de 3,5%, o agronegócio cresceu 1,8%.

Caso decida por esse tipo de negócio, deve seguir as mesmas regras, reservando parte dos ganhos para o custeio das atividades, como preparação e recuperação do solo, aquisição de sementes e insumos, formação de pastagens, manutenção e compra de máquinas e implementos, compra de animais, melhoria genética do rebanho e aquisição de novas áreas. Dessa forma, estará investindo no melhoramento e na ampliação de seus negócios.

3 | MANTENHA-SE RICO

Não coloque em risco o que levou a vida inteira para conquistar

Manter o que conquistou é questão de habilidade, disciplina e cultura financeira. Muitos têm dificuldade em lidar e preservar o que adquiriram; para alguns, e em determinadas situações, chega a ser impossível. Basta fazer uma leitura dos casos de pessoas que ganharam verdadeiras fortunas com suas profissões, para depois perder tudo, ou quase tudo, e retornar ao lugar onde começaram. Isso pode acontecer com qualquer um, mas a probabilidade é infinitamente maior para quem não está preparado para lidar com o dinheiro e os encantamentos que ele provoca.

É comum ouvir relatos de episódios que envolvem jogadores de futebol, artistas, profissionais de diversas áreas e herdeiros que ganharam ou receberam somas milionárias, mas, por não saberem administrar corretamente esses recursos, perderam tudo e voltaram a ficar pobres. E essa perda, geralmente, ocorre quando as pessoas mais precisam, porque já não estão jovens, e recomeçar pode ser muito difícil. E, caso a atividade que desempenham dependa da idade, pode ser impossível. Pensaram que o dinheiro seria uma mercadoria infinita e nunca acabaria e, por isso, não o trataram com o devido zelo.

Muitos gastam grandes somas para satisfazer seus caprichos (e alguns excentricíssimos). Não deixe que isso aconteça com você nem que a vaidade interfira negativamente em suas decisões, quando o assunto for dinheiro. É uma situação por demais arriscada, que costuma ter um final ruim.

À medida que o patrimônio aumenta, deve-se aumentar também a eficiência de sua gestão e de seu controle. Afinal, quando grandes valores são manuseados de maneira errada ou amadora, expõe-se ao risco, e isso pode gerar perdas muito mais impactantes e difíceis de ser recuperadas.

Contudo, a esta altura da vida, você pode escolher no que investir e evitar, com isso, operações de alto risco, pois já conquistou o que queria. Falei que os riscos são inerentes aos negócios, mas agora você não precisa mais se expor a tanto. Mantenha seus investimentos em aplicações conservadoras, com taxas de remuneração acima da inflação, a exemplo de títulos do Tesouro Direto (Tesouro Selic e Tesouro IPCA+), CDB, LCA, LCI, dentre outros, em instituições financeiras de primeira linha. Com esses cuidados, seu patrimônio estará seguro e não correrá o risco de ser corroído.

Nos momentos de crise na economia, costumam surgir boas oportunidades de negócios, por isso, mantenha-se capitalizado para aproveitar essas ocasiões. Já comentei isso anteriormente.

Eu fiz os melhores negócios nos períodos de crise econômica, em que os juros subiram, a moeda escasseou, os créditos encolheram e as oportunidades surgiram. Nessas ocasiões, ocorre no mercado fato semelhante ao efeito gangorra, quando as oportunidades surgem de um lado, A, e as dificuldades, do outro, B. Você deve estar sempre do lado A para aproveitar esses momentos e fazer bons negócios que surgirem do lado B.

Esteja sempre atualizado sobre os mercados e seus movimentos para não ser surpreendido nem correr o risco de sofrer perdas. Leia bastante sobre assuntos relacionados à sua área de atuação e, sempre que puder, converse com pessoas bem-sucedidas nos negócios, para saber delas como têm agido na proteção e na expansão de seus patrimônios.

4 | GANHANDO MAIS DINHEIRO

Você já conhece o caminho, então aproveite para continuar ganhando mais dinheiro

Agora que desenvolveu habilidades para os negócios e o volume que conquistou o colocou, definitivamente, na posição de investidor contumaz, novas e boas oportunidades surgirão de forma natural. Lembra-se da frase "dinheiro atrai dinheiro"? Não que seja sempre a tradução exata da realidade, mas, no caso de alguém precisar se desfazer de um bem ou negócio, naturalmente vai procurar quem tem recursos disponíveis e apetite para adquiri-lo. É a lógica do mundo dos negócios. Por isso, é importante que esteja sempre capitalizado para não deixar que as boas oportunidades escapem.

Nesse momento de sua vida, você já terá colecionado muitas conquistas, acumulado experiências e desenvolvido habilidades suficientes para identificar o que realmente é uma boa oportunidade. Já não será tão difícil entender os movimentos dos mercados e, por consequência, conseguir reduzir os riscos numa tomada de decisão. No caso de seu radar captar um novo investimento ou projeto interessante, certamente você buscará conseguir uma boa taxa de retorno sobre o capital investido, afinal, já tem experiência suficiente para decidir.

Faça periodicamente uma avaliação de seus investimentos para verificar se as taxas que está obtendo podem ser melhoradas. O mercado sofre oscilações e, por isso, nenhum produto apresenta os melhores resultados sempre. Há momentos, por exemplo, em que os juros de algumas aplicações financeiras são razoavelmente bons, porque remuneram acima da inflação. Basta escolher a aplicação certa e não correrá o risco de dilapidar seu capital. Avalie seu portfólio de investimentos e, quando necessário, a fim de melhorar a rentabilidade, migre para outras posições também seguras e que ofereçam taxas de retorno mais atraentes. Nesse caso, não se deixe levar, no entanto, por movimentos especulativos. Toda decisão de investimentos deve ser tomada com base em escolhas seguras; visualize-as no médio e no longo prazos.

5 | PLANEJAMENTO TRIBUTÁRIO

Pagar imposto é uma obrigação,
mas procure pagar o mínimo que puder

Quanto mais dinheiro você ganhar e maior for seu patrimônio, mais impostos terá de pagar. Daí a necessidade de elaborar um bom planejamento tributário para aliviar a carga a que está sujeito. Caso não dê a atenção que o assunto merece, poderá pagar muito mais do que deveria. Essa é uma obrigação que não alegra ninguém, mas, como é uma exigência legal, deve ser cumprida. Pena que esses impostos não voltem para a população, como deveriam, em forma de benefícios e melhorias com a qualidade de vida. Essa, porém, é uma discussão política e meu objetivo não é esse, mas criar alternativas para reduzir o impacto da carga tributária sobre sua renda e seu patrimônio.

Se buscar informação sobre pessoas que acumularam riqueza, verá que a maioria delas utiliza assessorias especializadas quando o assunto é tributo. Eu sugiro que você faça o mesmo. Procure a orientação de profissionais das áreas contábil, tributária e jurídica sobre as alternativas para reduzir os impostos e proteger melhor seu patrimônio, dentro da legalidade.

Um bom exemplo é o caso dos aluguéis. Para valores mensais superiores a 6 mil reais, o imposto a ser pago, no caso de pessoa física, é maior do que no de pessoa jurídica.

De acordo com a tabela vigente divulgada pela Receita Federal, a carga média tributária para valores mensais superiores a 6 mil reais é de 13,01% para pessoa física. O mesmo valor no caso de pessoa jurídica, é de 11,33%, quando for dedicada a administração, locação ou cessão de bens móveis e imóveis, e direitos, e for tributada pelo lucro presumido, com faturamento anual de até 240 mil reais.

Nos quadros a seguir, você pode ver algumas simulações com valores de receitas e tributações de pessoas física e jurídica, bem como as economias conseguidas:

FATURAMENTO ATÉ 240 MIL REAIS NO ANO

RENDIMENTO PESSOA FÍSICA		
REC. MENSAL	% TRIBUTO	R$ TRIBUTO
5.375	11,33%	609
10.000	18,81%	1.881
20.000	23,15%	4.630

RENDIMENTO PESSOA JURÍDICA			ECONOMIA			
REC. MENSAL	% TRIBUTO	R$ TRIBUTO	MENSAL	1 ANO	5 ANOS	10 ANOS
5.375	11,33%	609	0	0	0	0
10.000	11,33%	1.133	748	8.976	44.880	89.760
20.000	11,33%	2.266	2.364	28.368	141.840	283.680

FATURAMENTO ACIMA DE 240 MIL REAIS NO ANO

RENDIMENTO PESSOA FÍSICA		
REC. MENSAL	% TRIBUTO	R$ TRIBUTO
25.000	24,02%	6.005
50.000	25,76%	12.880
100.000	26,63%	26.630
150.000	26,93%	40.395
200.000	27,07%	54.140

RENDIMENTO PESSOA JURÍDICA			ECONOMIA			
REC. MENSAL	% TRIBUTO	R$ TRIBUTO	MENSAL	1 ANO	5 ANOS	10 ANOS
25.000	11,33%	2.833	3.173	38.070	190.350	380.700
50.000	11,33%	5.665	7.215	86.580	432.900	865.800
100.000	12,53%	12.530	14.100	169.200	846.000	1.692.000
150.000	13,20%	19.800	20.595	247.140	1.235.700	2.471.400
200.000	13,53%	27.060	27.080	324.960	1.624.800	3.249.600

6 | TENHA UMA VISÃO DE FILANTROPIA

Quando fazemos algum tipo de doação nos tornamos pessoas melhores

É muito importante que pessoas que conquistaram riqueza se preocupem com aquelas que não tiveram a mesma oportunidade. São várias as maneiras de ajudar, e não necessariamente financeiras; mas, se preferir, pode ser por meio de contribuição financeira para um projeto social, na área de saúde ou pesquisa científica, implantação de escolas em comunidades carentes e capacitação de professores. Escolha aquela que mais bem se encaixe em sua filosofia de vida e sua condição financeira. O importante é praticar a filantropia!

É possível dedicar parte do seu tempo a algum trabalho voluntário, fazendo visitas e ajudando pessoalmente em hospitais e abrigos, de pessoas enfermas, idosos, crianças. Para os mais necessitados, uma visita, um afago, um momento de conversa pode ter a eficácia de uma terapia, deixando-os mais saudáveis e felizes.

E não se engane: você também será fartamente recompensado com essas ações. Em algumas circunstâncias, até mais que a pessoa beneficiada! Quando ajudamos alguém, da relação pode surgir uma grande amizade e um sentimento profundo de gratidão. Nessa convivência, o aprendizado é grande para ambas as partes.

Você pode se oferecer, ainda, como parceiro de uma escola pública do bairro onde mora ou mesmo daquelas mais carentes da periferia, que, sabemos, são muitas. Pode ajudar na implantação de uma horta comunitária, ensinar boas maneiras, ajudar a montar uma biblioteca ou repassar conhecimentos de algo que você goste e em que tenha experiência. Por que não educação financeira?

Se a doação for de caráter financeiro, procure identificar uma instituição séria e que aplique os recursos corretamente e com lisura. Converse antes com quem já contribui para ter certeza de que sua ajuda terá o destino e o propósito certos. Existem entidades nas mais diversas atividades. Algumas cuidam de pessoas carentes; outras, de animais silvestres acidentados, até que possam ser devolvidos à natureza; já tem quem cuide da preservação e da recuperação de matas ciliares, nascentes e rios. O importante é você escolher uma entidade séria, caso contrário, dará seu dinheiro a quem não o merece, inclusive a pessoas desonestas.

Não importa quanto você doe, o valor deve ser proporcional à sua disponibilidade financeira e ao seu desprendimento. Conheço pessoas que ajudam com 10 reais mensais, e outras, com mil reais e até com valores bem maiores, dependendo da condição de cada um. A Fundação Gates, do casal norte-americano Bill e Melinda Gates, financia a pesquisa e o desenvolvimento de um novo preservativo. A intenção é chegar a uma versão mais aceita pelo usuário, com o intuito de aumentar a adesão à medida preventiva e diminuir, por consequência, a incidência de doenças sexualmente transmissíveis. Nesse caso, o número de pessoas beneficiadas poderá ser bastante grande, porque segue a lógica da multiplicação.

Já a Fundação Lemann, da família de Jorge Paulo Lemann, do grupo 3G Capital e um dos sócios da Ambev, patrocina projetos inovadores na área de educação e formação de professores e gestores. Com isso, estão compartilhando conhecimentos, educação e criando multiplicadores.

Vale lembrar que muitas doações filantrópicas, de cunho financeiro, contam com incentivos fiscais que podem ser revertidos em benefício no momento da declaração de impostos.

7 | A FELICIDADE FINANCEIRA EXISTE?

Se a riqueza não traz felicidade, ao menos proporciona benefícios que tornam a vida das pessoas mais fácil

Este é um assunto bastante polêmico e varia em função do momento que você está vivendo e dos acontecimentos à sua volta. Vou expor meu entendimento acerca dele, com alguns exemplos, mas não quero com isso dizer o que é certo ou errado, entenda conforme suas crenças e seus valores: quando uma família que goza de boa saúde pode suprir suas necessidades, como morar bem, possuir carro, ter um plano de saúde, manter os filhos em boas escolas, viajar, comer bem, entendo que são conquistas importantes e que podem proporcionar uma vida mais feliz. Quando as pessoas não são privadas em suas necessidades materiais, tudo em volta fica mais fácil. E essas conquistas só são possíveis porque o dinheiro pode proporcioná-las.

Agora vamos pensar no contrário: alguém que não tenha moradia própria ou sequer condições de pagar um aluguel; que fica à mercê da saúde pública, por não contar com plano de saúde; que não tenha condições de arcar com uma educação de qualidade para seus filhos; que não tenha carro e, por isso, é usuário do transporte público, levando uma, duas ou mais horas, diariamente, no trajeto para o trabalho ou a escola; e, para completar, no final do mês, vê sua renda ser toda consumida pelas despesas, e ainda restarem dívidas. Nenhuma família merece passar por situação semelhante. Uma das maneiras de evitar que isso aconteça com você é poupar, investir na formação do patrimônio e consolidar a independência financeira.

As pessoas que obtiveram conquistas materiais importantes são menos estressadas. Já garantiram qualidade de vida para si e para sua família, ou mesmo ficaram ricas, e, por isso, as questões relacionadas ao dinheiro não as preocupam mais. Nos negócios, quem é mais otimista e feliz tem mais probabilidades de atrair boas oportunidades. Um dos motivos pelos quais isso acontece é o jeito cativante e agregador com que essas pessoas se apresentam. Os otimistas, mesmo nos momentos difíceis, pensam de maneira positiva e conseguem enxergar as boas oportunidades de negócios. Quem não gosta de conviver com gente bem-humorada, que consegue manter o astral sempre elevado? Ser otimista não custa nada, é somente uma questão de atitude.

PALAVRAS FINAIS

Esta é a hora de romper as amarras que o estão impedindo de agir. A ação nos tira da inércia e nos coloca na rota da prosperidade e da abundância, e pessoas prósperas e acostumadas com conquistas tornam-se mais felizes.

Você, por nenhum motivo, precisa fazer parte das estatísticas de quem vive em constante dificuldade financeira por falta de ação. Contudo, para conquistar a prosperidade é necessário saber que **você pode e quer**. E você pode muito mais do que imagina, mas somente saberá de quanto é capaz se agir. Por isso, comece agora mesmo a praticar o que leu neste livro.

A inércia é como uma erva daninha: depois que finca raiz, é difícil sair do lugar.

O melhor remédio para prevenir esse mal é a ação. Comece a agir neste instante e transformará sua vida.

Desejo, sinceramente, que alcance a riqueza e a felicidade.

José Mário

Você pode muito mais do que imagina,
e só saberá de quanto é capaz agindo

As pessoas não sobem numa grande escada nem escalam uma montanha em um único salto. Os passos e os movimentos obedecerão a um plano cuidadoso, no qual deverão ser considerados os erros toleráveis e as margens de segurança necessárias na empreitada. Na escalada financeira, as circunstâncias não são diferentes. Primeiro, planeja-se e, depois, age-se. O resultado virá da combinação coordenada das palavras **planejamento** e **ação**. Juntas, elas têm grande poder. O poder da ação no mundo dos negócios é grandioso. É grandioso, também, em todas as circunstâncias de nossa vida.